vmn

Dr kleine Prinz

Schwäbisch

ANTOINE DE SAINT-EXUPÉRY

Dr kleine Prinz
Schwäbisch

Mit de Bilder vom Verfasser

Aus m Französischa ins Schwäbische übersetzt
vom Manfred Mergel

vmn
Verlag M. Naumann

Titel der französischen Originalausgabe
LE PETIT PRINCE
Copyright © 1946 by Éditions Gallimard, Paris

Le Petit Prince in deutschen Mundarten
Band 5: Schwäbisch

Die schwäbische Fassung basiert auf der
Neuübersetzung des französischen Originals
in Zusammenarbeit mit dem Herausgeber,
Dr. Walter Sauer.

Copyright by
Verlag M. Naumann, vmn, Hanau
ISBN 978-3-940168-62-7
1. Auflage 1999
2. Auflage 2003
3. Auflage 2009

Druck: Fuldaer Verlagsanstalt, Fulda

Bibliografische Information Der Deutschen Nationalbibliothek
Die Deutsche Nationalbibliothek verzeichnet diese Publikation in der
Deutschen Nationalbibliografie; detaillierte bibliografische Daten
sind im Internet über http://dnb.ddb.de abrufbar.

vmn
Verlag M. Naumann
Brucknerstraße 1a · 63452 Hanau
Telefon 06181 3007986 · Telefax 06181 9068335
E-Mail: info@vmn-naumann.de
Besuchen Sie uns im Internet:
http://www.vmn-naumann.de

FÜR DA LEON WERTH

Hoffentlich isch mr koins von de Kender bös. I han des Buch nämlich für en Erwachsena gschrieba. I han au en Grund: Seller Erwachsene isch dr beschte Freund, den wo e han auf dera Welt. I han nomal en Grund: Seller Erwachsene verstoht älles, sogar Kenderbücher. I han sogar nomal en Grund: Seller Erwachsene wohnt en Frankreich. Do hungert on friert r. Er sott arg nötig ebber han, der wo n tröschtat. Wenn des älles z wenig isch, na schreib e mei Buch für des Kend, des wo der Erwachsene früher gwesa isch. Älle Erwachsene sen zersch amol Kender gwesa. Aber bloß a paar von n erinnrat sich dodra. I korrigier me also:

FÜR DA LEON WERTH,
WO R NO A KLEINER BUA GWESA ISCH

7

Wo e sechs Johr alt war, do han e amol in ma Buch über da Urwald – ›Wahre Gschichta‹ hot des gheißa – a wunderschees Bild gseha. A Riesaschlang isch auf dem Bild gwesa, a Boa, dui wo grad era Raubkatz da Kraga romdreht. Dohanna han e des Bild abgmalt.

En dem Buch isch drinnagstanda: »Riesaschlanga würgat ihr Fressa am Stück nonter, ohne zom kaua. Dodrnach könnat se sich nemme vom Fleck rühra on schlafat sechs Monat lang, solang se verdauat.« Damols han e mr viel Gedanka gmacht über des, was em Urwald so passiert. On i han na selber mit ama Farbstift mei erschts Bild gmalt – mei Bild Nommer 1. So hots ausgseha:

I han mei Meischterwerk de große Leut zeigt, on i han se gfragt, ob n mei Bild angscht macha tät.

9

Se hem mr zur Antwort geba: »Warom soll mr vor ama Hut Angscht han?«

Auf meim Bild war aber gar koi Hut. S isch a Schlang drauf gwesa, die wo grad en Elefanta verdaut. I han na ds Innaleba von dera Riesaschlang gmalt, daß de große Leut des au kapierat. Dene muß mr emmer älles extra erklära. Mei Bild Nommer 2 hot so ausgseha:

Die große Leut hem mr grata, i soll dr Fenger drvo lassa, nomal irgenda Riesaschlang zom mala, egal ob mit Innaleba oder ohne, on i soll me lieber für Erdkunde, Geschichte, Rechna on Grammatik interessiera. Deswega han e mit sechs Johr a großa Karriere als Maler aufgeba. I han oifach koi Luscht mehr ghabt zom Weitermala, weil – des mit meine Bilder Nommer 1 on Nommer 2 isch grad für d Katz gwesa. De große Leut kapierat nie ebbes von selber, on s isch läschtig für Kender, dene emmer wieder ebbes extra zom erklära.

I han mr also en andera Beruf raussucha müssa. I ben Pilot worda. Überall en dr Welt ben e a bißle romgfloga. On gwiß wohr, d Erdkunde hat mr dodrbei viel gholfa. I han könna auf da erschta Blick China von Arizona onterscheida. Des hilft eim scho, wenn mr sich nachts verfloga hat.

So ben e öfters en meim Leba mit viele wichtige Leut zsammakomma. I ben viel mit de Erwachsene omganga. I han se aus nächschter Nähe erlebt. Dodurch isch mei Meinung von n net grad besser worda.

Wenn e ebber troffa han, der wo mr a bißle gscheiter vorkomma isch, na han e s bei m mit meim Bild Nommer 1 probiert. Des han e gut aufghoba ghabt. I han seha wolla, ob r tatsächlich a Käpsele isch. Aber emmer han e de gleich Antwort kriegt: »Des isch a Hut.« Na han e m nix verzählt von Riesaschlanga, nix von Urwälder on erscht recht nix von Stern. I hans glassa. I han über Bridge, Golf, Politik on Krawatta mit m gschwätzt. On der Erwachsene isch arg froh gwesa, daß r so en vernünftiga Ma kennaglernt hot.

II

I ben na für mi blieba. Mit wem hätt e au normal schwätza solla? I ben für mi blieba, bis e vor sechs Johr en dr Sahara a Panne ghabt han. Irgend ebbes en meim Motor isch heganga. En Mechaniker han e net drbeighabt, au koine Passagier – na han i dui Reparatur, dui schwieriga, halt alloi agfanga. Do isch s für mi om Leba on Tod ganga. I han net amol für acht Tag Trinkwasser drbeighabt.

Am erschta Obend ben e na em Sand eigschlafa, tausend Meila weit weg von jedra bewohnta Gegend. I ben mutterseelaalloi gwesa, viel meh alloi wie a Schiffbrüchiger auf ama Floß mittla em Meer. Na könnat r euch vorstella, wie i guckt han, wo mi am andera Morga zmol a feins Stimmle gweckt hot. Sagt des:

»Bitte … mal mr a Schäfle!«

»Ha?«

»Mal mr a Schäfle …«

I ben aufgsprunga wie von dr Tarantel gstocha. I han mr net schlecht d Auga grieba. I han gnau naguckt. On i han a netts kleis Male gseha, rausputzt et no – a kleis Male, des wo me von oba bis unta gmuschtert hot. Des dohanna isch ds beschte Bild, des wo e später von m nakriegt han. Aber mei Bild isch natürlich bei weitem net so schee wie s Male selber. Des isch net mei Fehler. Wo e sechs Johr alt war, han e mei Karriere als Maler aufgeba müssa. De große Leut hem mr d Luscht gnomma. On bis dona han e nix anders glernt ghabt zom mala wie die Riesaschlanga mit on ohne Innaleba.

I han des kleine Male mit große Auga aguckt. Vergessat net, i ben tausend Meila weit weg gwesa von jedra bewohnta Gegend. Mei kleis Male hot aber net da Eidruck auf me gmacht, wie wenn sichs verloffa hätt on vor Müdigkeit, Honger, Durscht oder Angscht omfalla könnt. S hot überhaupt net da Eidruck auf me gmacht, wie wenns a verlores Kend wär mittla en dr Wüschte – tausend Meila weit weg von jedra bewohnta Gegend. Wo e endlich wieder schwätza han könna, han e zu m gsagt:

»Ja wie … was machsch n du do?«

On na hots ganz leise nomal ds gleiche gsagt, wie wenns m arg wichtig wär:

»Bitte … mal mr a Schäfle …«

Wenn de ebbes so trifft, na sagsch nix meh. Verrückt – tausend Meila weit weg von jedra bewohnta Gegend en Lebensgfahr! Genauso verrückt isch mrs vorkomma, daß e a Blatt Papier on en Stift aus dr Tasch zoga han. Aber na isch mr eigfalla, daß e hauptsächlich Erdkunde, Geschichte, Rechna on Grammatik glernt han, on i han a bißle säuerlich zu dem kleina Male gsagt, i ka net mala. S hot mr zur Antwort geba:

»Des macht nix. Mal mr a Schäfle.«

Weil e meiner Lebtag no nie a Schäfle gmalt han, han m nomal oins von dene zwoi oinzige Bilder gmacht, die wo e damols nabracht han: des

12

Des dohanna isch ds beschte Bild,
des wo e später von m nakriegt han.

von dera Riesaschlang ohne Innaleba. On i war total von de Socka, wie e des kleine Male saga hör:

»Noi, noi! I will koin Elefanta en ra Riesaschlang. A Riesaschlang – dui isch arg gfährlich, on a Elefant – der isch arg sperrig. Bei mir drhoim gohts eng her. I brauch a Schäfle. Mal mr a Schäfle.«

No han e s halt gmalt – sei Schäfle.

S kleine Male hot genau zuguckt on sagt no:

»Noi! Des isch scho ziemlich krank. Mach mr a anders.«

No han e m a anders gmalt.

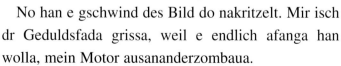

Mei Freund hot gutmütig vor sich na glächelt:

»Du siehsch doch … des isch koi Schäfle. Des isch a Bock. Der hot Hörner …«

Also han e mei Bild nomal gmacht:

Aber des hot m sowenig paßt wie die andere:

»Des isch z alt. I will a Schäfle, des wo no lang lebt.«

No han e gschwind des Bild do nakritzelt. Mir isch dr Geduldsfada grissa, weil e endlich afanga han wolla, mein Motor ausananderzombaua.

On i han zu m nombäfft:

»Dohanna isch d Kischt. Des Schaf, des wo du willsch, isch enna drenna.«

Aber i han et no gstaunt, wie e gseha han, daß mei jonger Kritiker agfanga hot zom strahla:

»Des isch genau des, was e wolla han. Moinsch, i brauch en Haufa Gras für des Schäfle?«

»Warom?«

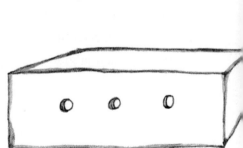

»Weil – bei mir drhoim gohts ziemlich eng her …«

»Des langt bestimmt. I han dr a ganz kleins Schäfle geba.«

Er hot na sein Kopf zu dem Bild nadreht:

»Ganz so klei au wieder net … Guck amol! S isch eigschlafa …«

So also han e da kleina Prinza kennaglernt.

III

I han lang braucht, bis e verstanda han, woher r komma isch. Dr kleine Prinz hot mr en Haufa Fraga gstellt. Jetzt wenn n i ebbes gfragt han – des hot n scheints gar net interessiert. Durch a paar Brocka, die wo r vor sich nagsagt hot, han e mr könna nach on nach a Bild von m macha. Wo r mei Flugzeug zom erschta Mol gseha hot (i han mei Flugzeug net gmalt – des Bild hätt e nie nabracht), hot r me zom Beispiel gfragt:

»Was isch n des für a Deng?«

»Des isch koi Deng. Des fliegt. Des isch a Flugzeug. Des isch mei Flugzeug.«

On i han me hehlinge gfreut, wie e m erklära han könna, daß e flieg. Na war r ganz begeischtert.

»Wie! Du bisch vom Hemmel gfalla?«

»Ja«, han e vorsichtig gsagt.

»Awa, des isch ja glatt …«

On dr kleine Prinz hot sich halba schäps glacht. I ben richtig narret worda. I will, daß mr meine Panna ernscht nimmt. Er hot oifach weitergschwätzt.

»Wie, du kommsch au vom Hemmel! Von welchem Planet bisch na du?«

No isch mr zmol a Licht aufganga, wo r herkomma könnt – on i han tapfer gfragt:

»Hoißt des, du kommsch von ma andera Planet?«

Aber i han koi Antwort kriegt. Er hot lieb da Kopf gschüttelt on drbei mei Flugzeug aguckt:

»Freilich, mit dem Deng kannsch net von weit her komma …«

On na hot r auf oimal agfanga zom träuma on hot schier nemme aufghört. Er hot mei Schäfle aus seiner Tasch zoga on hots ganz verliebt aguckt – wie en Schatz.

Ihr könnat euch vorstella, wie i naseweis worda ben, wo der ebbes von ›andere Planeta‹ sagt. Dodrüber han e natürlich mehr wissa wolla:

»Woher kommsch du, mei kleins Male? Wo ghörsch du na? Wona willsch mit meim Schäfle?«

Er hot a Weile sinniert on hot na gsagt:

»Des isch prima mit dera Kischt, dui wo da mr geba hasch; des isch für d Nächt, na hots en Onterschlupf.«

»Gwiß wohr. On wenn da aständig bisch, na geb e dr au en Strick, daß da s tagsüber nabinda kannsch. On en Pflock drzu.«

Der Vorschlag hot da kleina Prinza ganz arg troffa:

»Mei Schäfle abinda? Was isch des für a komischa Idee?«

»Aber wenn da s net abindesch, na springts dr fort on verlauft sich …«

No hot mei Freund wieder schallend nausglacht:

»Ja wo solls denn naspringa?«

»Überallna. Gradaus …«

Dr kleine Prinz aufm Aschteroid B 612.

Auf des na sagt dr kleine Prinz ganz ernscht:

»Des macht nix. S isch so eng bei mir drhoim!«

On na sagt r no, a bißle schwermütig fascht, vielleicht:

»Gradaus kommsch net arg weit …«

IV

I han also nomal ebbes ganz Wichtigs rauskriegt – nämlich, daß sei Planet, von dem wo r herstammt, net viel größer war wie a Haus!

Des hot mi net arg gwondert. I han scho lang gwußt, daß außer de große Planeta wie dr Erde, em Jupiter, em Mars, dr Venus, die wo Nama hen, no a paar hundert andere gibt, die wo manchmol so klei sen, daß mr se mit m Fernrohr fascht net sieht. Wenn a Aschtronom oin von n ent-

deckt, na gibt r m oifach a Nommer statt ama Nama. Er hoißt n zom Beispiel »Aschteroid 3251«.

Ganz ehrlich, i glaub, daß der Planet, von dem wo dr kleine Prinz herkomma isch, dr Aschteroid B 612 isch. Seller Aschteroid isch bis jetzt bloß oimal mit m Fernrohr gseha worda, on zwar 1909 von ma türkischa Aschtronom.

Er hot seinerzeit auf ama Internationala Aschtronomie-kongreß a Mordsspektakel vollführt wega seiner Entdeckung. Aber wega seim Aufzug hot m des koiner abgnomma. So sen se halt – de große Leut.

Zom Glück – sonscht hätt mr da Aschteroid B 612 bald vegessa – hot a türkischer Diktator seim Volk befohla, se müsse sich auf de europäisch Art on Weise azieha, wenn n ds Leba lieb sei. Seller Aschtronom hot sei Spektakel 1920 nomal vollführt – en ma richtig neumodischa Azug. On desmol hots m jeder abgnomma.

Wenn e euch solche owichtige Sacha über da Aschteroid B 612 verzählt han, on wenn e euch sei Nommer verrata han, na bloß wega de große Leut. De große Leut mögat d Zahla. Wenn r dene ebbes von ma neua Freund sagat, na fragat se euch gar nie nach dr Hauptsach. Se sagat nie: »Wie hört sich sei Stimm a? Was spielt r am liebschta? Sammelt r Schmetterling?« Noi, se fragat euch: »Wie alt isch r? Wie viel Brüder hot r? Wieviel wiegt r? Wieviel verdient sei Vater?« Erscht na moinat se, se tätat n kenna. Wenn r zu de große Leut sagat: »I han a schees Häusle gseha aus rosarote Backstoi, mit Gerania an de Fenschter on Tauba aufm Dach…«, na könnat se sich des Häusle net vorstella. Mr muß n saga: »I han a Häusle gseha für honderttausend Mark.« Na hoißts glei: »Des isch amol schee!«

Genauso, wenn r zu n sagat: »Dr Beweis, daß da kleina Prinza geba hot, isch, daß r a goldigs Male war, daß r glacht hot on daß r a Schäfle

19

wolla hot. Wenn oiner a Schäfle will, na gibts n au« – wenn r des zu n sagat, na zuckat se mit de Schultra on nehmat euch net für voll. Aber wenn r zu n sagat: »Der Planet, wo r herkommt, isch dr Aschteroid B 612«, na sen se zfrieda on lassat euch mit ihre Fraga en Ruh. So sen se halt. Sen deswaga net bös mit n. D Kender müssat bei de große Leut viel Geduld han.

Mir natürlich, die wo mir ebbes vom Leba verstandat, machat ons luschtig über des Theater mit de Zahla. I hätt dui Gschicht lieber verzählt wie a Märchen. I hätt gern gsagt:

S war amol a kleiner Prinz; der hot auf ama Planeta gwohnt, der wo kaum größer war wie er selber – on der hätt gern en Freund ghabt … Für die, wo ebbes vom Leba verstandat, wär des viel gscheiter gwesa.

I will nämlich net, daß mr mei Buch net ernscht nimmt. S tut mr weh, wenn e des älles nomal verzähl, was e erlebt han. Scho sechs Johr isch s her, daß mei Freund mit seim Schäfle fortganga isch. Wenn e jetzt probier, n zom beschreiba – na deshalb, daß n net vergess. S wär traurig, wenn mr en Freund vergessa tät. Net jeder hot n Freund ghabt. On i könnt womöglich wie de große Leut werda, die wo bloß no Zahla em Kopf hen. Deswega han e mr en Farbkaschta on Malstift kauft. S isch arg schwer, wenn mr en meim Alter nomal mit m Mala afanga will. Seit e sechs war, han e nie meh ebbes anders probiert, wie a Riesaschlang mit on ohne Innaleba zom mala. Freilich – i streng me a, daß die Bilder so echt wie möglich werdat. Aber i ben mr ganz on gar net sicher, ob e s au nabring. Oi Bild goht, on scho ds nächschte sieht m nemme ähnlich. I lieg manchmol au mit dr Größe drneba. Oimal isch dr kleine Prinz z groß, on a ander Mol isch r z klei. I ben au osicher, ob e d Farb von seine Kleider richtig treff. Na probier e rom on nom, so guts halt goht. I täusch me bestimmt au bei manche Sacha, die wo no wichtiger sen. Aber des wird r verstanda. Mei Freund hot mr nie irgendwelche Erklärunga geba.

Er hot wahrscheinlich agnomma, i sei ebber wie er. Bloß – i ka durch a Kischt durch kei Schäfle seha. I ben vielleicht doch a bißle wie die große Leut. I ben scheints älter worda.

V

Jeden Tag han e ebbes Neus rauskriegt über den Planeta; wie dr kleine Prinz abgreist isch, on wies m onterwegs ganga isch. Wie mr ons onterhalta hen, hot sich des nach on nach ergeba. Auf dui Art han e am dritta Tag des Drama von de Affabrotbäum mitkriegt.

Des verdank e eigentlich au dem Schäfle. Auf oimal fragt mi dr kleine Prinz, wie wenn r arg verosichert wär:

»Gell, des stimmt doch, daß d Schäfla kleine Büsch fressat?«

»Ja, des isch wohr.«

»No ben e aber froh!«

I han net verstanda, warom des so wichtig war, daß Schäfle kleine Büsch fressat. Aber dr kleine Prinz hot glei weitergfragt:

»Hoißt des, se fressat au d Affabrotbäum?«

No han e m kleina Prinz erklärt, daß d Affabrotbäum koine kleine Büsch sen, sondern Bäum so groß wie a Kirchturm; on selbscht, wenn r a ganze Herde Elefanta mitnehma tät – se tätat net mit oim oinziga Affabrotbaum fertig werda.

21

Über mei Idee von dr Elefantaherde hot dr kleine Prinz lacha müssa:

»Mr müßt se halt überananderstella ...«

Aber er hot na gsagt, richtig gscheit:

»Die Affabrotbäum sen erscht amol klei, bevor se groß werdat.«

»Do hasch du recht! Aber warom sollat n deine Schäfla die kleine Affabrotbäum fressa?«

»Ha, des isch doch klar!« hot r mr zur Antwort geba, wie wenns om ebbes ganga wär, was jeder verstoht. Drbei han e mr schier da Kopf zerbrecha müssa, bis e kapiert han, om was s goht.

Aufm kleina Prinz seim Planeta hots nämlich, wie auf älle andere Planeta au, gute on schlechte Pflanza geba – also gute Sama von de gute Pflanza on schlechte Sama von de schlechte Pflanza. Aber die Sama ka mr net seha. Hehlinge schlafat se em Boda dren, bis zmol oim eifällt, er könnt aufwacha ... Na reckt r sich on streckt vorsichtig en netta kleina Trieb dr Sonne entgega, en harmlosa. Wenns a Trieb von ma Rettich oder von ra Ros isch, na ka mr n wachsa lassa, wie r will. Aber wenns a Okraut isch, muß mr s rausreiße, sobald mr s sieht. Jetzt hots auf dem Planet vom kleina Prinz fürchterliche Sama geba ... des warat die Sama von de Affabrotbäum. Dr ganze Boda von dem Planet war voll drvo. Jetzt wenn mr en Affabrotbaum net glei oschädlich macht, na wird mr n

nemme los. Aufm ganza Planeta breitet r sich aus. Überall durchbohrt r n mit seine Wurzla. On wenn der Planet z klei isch, on wenns z viel Affabrotbäum gibt, na sprengat se n ausanander.

»Do mußt de zsammanehma«, hot mr dr kleine Prinz später gsagt. »Jeden Morga, wenn da em Bad

fertig bisch, mußt tapfer da Planeta fertigmacha. Du mußt de regelmäßig drzu zwinga, die Affabrotbäum rauszomreißa – sobald da se von de Rosa onterscheida kannsch. Dene sehat se zom Verwechsla ähnlich, solang se ganz klei sen. Des isch a ziemlich langweiligs Geschäft, aber s isch wenigschtens net schwer.«

On an ma scheena Tag hot r mr grata, i soll noaramacha on de Kender bei mir drhoim a schees Bild mala. Na könntat se sich des mit de Affabrotbäum besser vorstella. »Wenn se amol verreisat«, hot r zu mr gsagt, »no isch n des bestimmt a Hilf. Manchmol spielts koi Roll, ob mr sei Arbeit auf später verschiebt. Aber bei de Affabrotbäum isch s a Kataschtroph. I han en Planeta kennt, auf dem wo a Faulenzer gwohnt hot. Er hot drei kleine Büsch überseha …«

So wie mr s dr kleine Prinz gsagt hot, so han e den Planeta na gmalt. I möcht koi Moralpredigt halta. Aber kaum ebber woiß, wie gfährlich die Affabrotbäum sen. Deshalb halt e me ausnahmsweise amol net zrück on warn jeden, bevor r sich auf ama Aschteroid verirrt. I sag: »Kender! Sen bloß vorsichtig bei de Affabrotbäum!« I han schwer gschafft an dem Bild, daß e meine Freund zeiga ka, wie gfährlich des isch, mit was se scho lang omgangat, wie i au, ohne daß ses wissat. On was n beibracht han, hot sich glohnt. Ihr fragat euch vielleicht: Warom gibts en dem Büchle net no meh so scheene Bilder wie des von de Affabrotbäum? D Antwort isch ganz oifach: »I hans probiert, aber i hans net nabracht.« Wo e die Affabrotbäum gmalt han, han e ds Gfühl ghabt, des isch bitter nötig.

D Affabrotbäum

VI

Ach, kleiner Prinz! So nach on nach han e dei kleins schwermütigs Leba verstanda. Wie lang hasch kei andera Freud ghabt wie bloß dr Sonne zuzomgucka, dui wo äll Tag schee ontergeht! Des han e morgens am vierta Tag mitkriegt. Do hasch zu mr gsagt:

»I mag so arg die Sonnaontergäng. Komm, mr guckat oin a …«

»Do mußt doch no warta …«

»Auf was soll e warta?«

»Ha, daß d Sonne voll ontergeht.«

Zerscht hasch gstutzt, on na hasch über de selber glacht on hasch zu mr gsagt:

»I moin emmer, i sei drhoim!«

S isch gwiß wohr: Wenns en Amerika Mittag isch, na goht en Frankreich d Sonne onter. Des woiß jeder. Mr sott en ra Minut nach Frankreich fliega könna. Na wär mr nomal drbei, wenn d Sonne onter-

geht. Dommerweis isch Frankreich viel z weit fort. Aber auf deim klei-
na Planeta hots glangt, wenn da dein Stuhl om a paar Schritt verruckt
hasch. On na hasch könna zugucka, wies Nacht wird – sooft da s hasch
wolla …

»Oimal han e dreiavierzigmol zuguckt, wie d Sonne ontergeht!«

On a bißle später hasch no gsagt:

»Weißt doch … wenn mr so traurig isch, na gfallat oim die
Sonnaontergäng bsonders …«

»No warsch du an dem Tag mit dene dreiavierzig Sonnaontergäng
bsonders traurig?«

Aber dr kleine Prinz hot mr koi Antwort meh geba.

VII

Am fünfta Tag han e nomal ebbes über ds Leba vom kleina Prinza
rauskriegt, on i verdanks wieder dem Schäfle. Zmol fragt r me, urplötz-
lich, wie wenn r über des Problem scho länger nachdenkt hätt:

»A Schäfle, wenn des kleine Büsch frißt – frißts na au Bluma?«

»A Schäfle frißt älles, was s verwischt.«

»Au Bluma, die wo Dorna hen?«

»Ja. Au Bluma, die wo Dorna hen.«

»Warom hen se na überhaupt Dorna?«

Des han i au net gwußt. I han grad probiert, en bachelig azogena Bolza
an meim Motor wegzomschrauba. So langsam han e mr Gedanka
gmacht wega meiner Panne. I han afanga Angscht kriegt. On i han me
aufs Schlimmschte eigstellt, weil ds Trinkwasser am Ausganga war.

»Warom hen se überhaupt Dorna?«

Wenn m ebbes wichtig war, na hot dr kleine Prinz net nachgeba. Aber i war narret wega meim Bolza on han halt irgend ebbes zu m gsagt:

»Die Dorna sen so onötig wie a Kropf, d Pflanza lassat se wachsa aus purer Bosheit!«

»Ach!«

Er hot a Weile sinniert, hot beleidigt do on zu mr gsagt:

»Des nehm e dr net ab! Bluma sen schwach. Die denkat an nix Bös. Die müssat auf sich aufpassa, wo se bloß könnat. Und doch moinat se, se tätat abschreckend wirka mit ihre Dorna …«

I han nix drauf gsagt. I han mr grad en dem Moment überlegt: Wenn der Bolza jetzt net nachgibt, na schlag en mit m Hammer raus. Aber dr kleine Prinz hot me wieder drausbracht:

»On du glaubsch, daß die Bluma …«

»Ach Quatsch! I glaub überhaupt nix! I han halt irgend ebbes gsagt. Siehsch doch, i han a wichtigers Gschäft!«

No hot r me ganz verdutzt aguckt.

»A wichtigers Gschäft!«

Er hot me gmuschtert, wie e dostand: mein Hammer en dr Hand; schwarze, ölverschmierte Fenger; wie e über dem Apparat häng, der wo m bestimmt arg wüscht vorkomma isch.

»Du schwätzt raus wie de große Leut.«

Do han e me a bißle gschämt. Aber des war m grad egal. Er hot gsagt:

»Du verwechselsch älles … du bringscht älles durchanander!«

Jetzt isch r richtig narret worda. Er hot seine goldene Haar em Wind gschüttelt:

»I kenn en Planeta, auf dem wo a knallroter Ma haust. Der hot no nie an ra Blum gschmeckt. Der hot no nie en Stern aguckt. Der hot no nie ebber möga. Der hot no nie ebbes anders do wie Zahla zsammazählt. On

28

da lieba langa Tag hot r sich gsagt, wie du au: I ben a
wichtiger Ma! I ben a wichtiger Ma! Zletzta hot r en
fürchtiga Grattel ghabt. Aber des isch kei Ma, des
isch a schwammiger Kerle!«

»Was isch der?«

»A schwammiger Kerle!«

Dr kleine Prinz isch ganz blaß worda vor Wut.

»Scho seit Milliona von Johr lassat die Bluma ihre
Dorna wachsa. Seit Milliona von Johr fressat d
Schäfla oinaweg die Bluma. On du findeschs net
wichtig, daß e probier rauszomkriega, warom sich d
Bluma mit de Dorna so viel Müh gebat, wo se n doch
nie nix nützat? Findesch du den Krieg zwischa de
Schäfla on de Bluma net wichtig? Isch
des net wichtiger, viel wichtiger, wie daß
a hoher Herr mit ama knallrota Kopf
Zahla zsammazählt? On wenn e a Blum
kenn, dui wo s auf dr ganza Welt bloß oi
oinzigs Mol gibt, auf meim Planeta; on
wenn se a kleis Schäfle wegputza ka auf
oin Schlag, oifach so, an ma scheena
Morga, ohne daß des Schäfle merkt, was
s eigentlich tut – des soll net wichtig sei?«

Er isch rot agloffa on hot weiter-
gmacht:

»Wenn oiner a Blum ganz arg mag,
dui wo s bloß oimal gibt auf dene
Milliona on Abermilliona Stern, na langts
m, daß r glücklich isch, wenn r nauf-

guckt. Er sagt sich: Mei Blum isch irgendwo da droba … Wenn aber des Schäfle dui Blum frißt, na isch s m, wie wenn auf oimal älle Stern ausganga tätat! On des soll net wichtig sei?«

Er hot nix meh saga könna. Zmol hot r agfanga zom heula. S isch langsam dunkel worda. I han mei Werkzeug auf d Seite glegt. Mei Hammer, mei Bolza, dr Durscht on dr Tod – mir war älles egal. I han auf ama Stern, auf ama Planeta, auf meim, auf der Erde, en kleina Prinza tröschta müssa! I han n en Arm gnomma on han n lieb hin- on hergschaukelt. I han zu m gsagt: »Brauchsch koi Angscht han wega deiner Blum … I mal deim Schäfle en Maulkorb … I mal dr en Zaun für dei Blum … I …« I han nemme gwußt, was e no saga soll. I ben mr ziemlich ogschickt vorkomma. I han überhaupt net gwußt, wie n tröschta soll … Mr isch so hilflos, wenn ebber heult.

VIII

Bald han e sella Blum no besser kennaglernt. S hot aufm Planeta vom kleina Prinz scho emmer Bluma geba: ganz oifache, bloß mit a paar Blütablätter rondrom. Se hen net viel Platz braucht. Se hen niemand gstört. Se sen morgens em Gras aufganga on obends onterganga. Aber de sell hot zmol en Keim trieba – aus ama drhergflogena Samakörnle. Dr kleine Prinz hot den kleina Trieb, der wo ganz anders ausgseha hot wie de andere, aus nächschter Nähe beobachtat. S hätt a neua Sort vom Affabrotbaum sei könna. Aber der kleine Busch hot bald aufghört zom wachsa on hot agfanga, a Blüt zom treiba. Dr kleine Prinz hot zugucka könna, wie a riesiga Knosp entstanda isch. Er hot glei gspürt, daß des ebbes Bsonders nagibt. Aber dui Blum isch gar net fertig worda drmit, sich en ihrer grüna Stub schee rauszomputza. Sorgfältig hot se sich ihre Farba rausgsucht. Se hot sich en äller Ruh azoga. Se hot ihre Blütablätter sortiert – oins nachm andera. Se hot net so zerknittert dostanda wolla wie em Klatschmohn seine Blüta. Se hot sich erscht en ihrer ganza Pracht on Herrlichkeit zeiga wolla. Ja, gwiß wohr! Se war net schlecht eibildat! A paar Tag hot se braucht, bis se schee grichtat war. On na hot se sich zeigt: an ma Morga, d Sonne isch grad aufganga.

De ganz Zeit hot se sich so viel Müh geba – jetzt gähnt se on sagt:

»Oh! I ben no gar net ganz wach … Mußt entschuldiga … I ben no ganz verstrubelt …«

Dr kleine Prinz war ganz aweg:

»Du siehscht amol gut aus – bildhübsch!«

»Gell?!« hot dui Blum leise gsagt. »On i ben mit dr Sonne gebora …«

Der kleine Prinz hot glei gmerkt, daß se net grad bescheida war. Aber se war so lieb!

»I glaub, s wär Zeit zom frühstücka«, hot se tapfer gsagt. »Wärscht du so gut on tätescht au an mi denka …«

On dr kleine Prinz war ganz durchanander. Er hot a Gießkann mit frischam Wasser gholt on hot dui Blum gossa.

So hot se n von Afang a omananderkuranzt. Se isch a bißle arg leicht ver-

letzbar gwesa – a eigebildata Denge!
Oimal hot se zom Beispiel von ihre
vier Dorna gschwätzt on zom kleina
Prinz gsagt:

»Se könnat ruhig komma, die Tiger
mit ihre Kralla!«

»S gibt doch gar koine Tiger auf
meim Planet«, hot dr kleine Prinz
dodrauf gsagt. »On überhaupt – Tiger
fressat doch gar koi Gras.«

»I ben aber koi Gras«, hot m dui
Blum vorsichtig zur Antwort geba.

»Entschuldigung …«

»I han koi Angscht vor Tiger, aber mir grausts vor ama Luftzug.
Hättscht mr net en Schirm gega da Wind?«

S graust ra vor ama Luftzug … des isch ebbes Args für dui Blum, hot
dr kleine Prinz vor sich nagsagt. Dui isch ganz schee kompliziert …

»Obends könntescht me onter a Glasglock stella. S isch obacha kalt
bei dir. Des isch schlecht eigrichtat. Do, wo i herkomm …«

No hot se sich onterbrocha. Se isch komma als a kleis Samakörnle. Se
hot von ra andera Welt gar nix wissa könna. Gschämt hot se sich. Se hot

sich selber beim Lüga verwischt.
Na hot se zwoi-, dreimol ghusch-
tat. Se hot em kleina Prinz a
schlechts Gwissa macha wolla:

»Den Schirm …?«

»I han n grad hola wolla, aber du hasch ja gschwätzt mit mr!«

No hot se nomal a bißle lauter ghuschtat, daß r gwiß a schlechts Gwissa kriegt.

Dr kleine Prinz war so a lieber Kerle, aber mit dera wars m bald vertleidat. Er hot ihr oifältigs Gschwätz ernscht gnomma on isch drbei ziemlich oglücklich worda.

»I hätt ra gar net zuhöra solla«, hot r amol em Vertraua zu mr gsagt. »Mr darf de Bluma net zuhöra. Mr darf se bloß agucka on schmecka. Auf meim ganza Planeta hots nach ra gschmeckt, aber i han me net dra freua könna. Dui Gschicht mit dene Kralla hätt me net narret, sondern nachdenklich macha solla …«

Er hot mr nomal ebbes em Vertraua gsagt:

»I han s oifach net begreifa könna damols. I hätt nach dem ganga solla, was se do hot, on net nach dem, was se drhergschwätzt hot. Ihrn Duft on ihrn Glanz hot se mr gschenkt. Nie, gar nie hätt e drvolaufa dürfa. On wenn se no so garschtig war – se hot bloß lieb sei wolla. Des hätt e seha müssa. Die Bluma sen so widersprüchlich! I hätt über me nauswachsa müssa. Na hätt e se möga könna.

Aber i war no z jong.«

IX

I glaub, a Schwarm von wilde Zugvögel hot n mitgnomma. Mit dene isch r komma. An dem Morga, an dem wo r ganga isch, hot r sein Planeta schee aufgräumt. Er hot seine Vulkan, die wo gschafft hen, aständig putzt. Zwoi Vulkan hen m ghört, die wo gschafft hen. Des isch et no gschickt gewsa. Na hot r sich morgens a warms Frühstück macha könna. A Vulkan, der wo nemme gschafft hot, hot m au no ghört. Aber er hot sich gsagt: Mr woiß nie! – on hot den Vulkan, der wo nemme gschafft hot, au no putzt. Wenn se ordentlich putzt sen, no brennat die Vulkan schee vor sich na on brechat net aus. Weil – wenn oiner amol ausbricht, na isch des wie a Kaminbrand. Mir auf onserer Erde sen natürlich viel z klei. Mir könnat onsre Vulkan net putza. Deswega hem mr en Haufa Ärger mit n.

Dr kleine Prinz hot au de letzte Trieb von de Affabrotbäum rausgrissa. S war m scho a bißle wehmütig oms Herz. Er hot denkt, er tät nemme zrückkomma. Aber älle die gwohnte Ärbeta sen m an sellam Morga ganz arg leicht von dr Hand ganga. On wo r dui Blum zom letzta Mol gossa hot, wo r se grad onter ihr Glasglock stella will – na merkt r zmol, daß r schier heult.

»Ade«, hot r zu dera Blum gsagt.

Aber se hot m koi Antwort geba.

»Ade«, hot r nomal gsagt.

No hot se ghuschtat, dui Blum – aber net, weil se verkältat war.

»I ben domm gwesa«, hot se na zu m gsagt. »Mußt entschuldiga. Guck, daß da glücklich wirscht.«

Er isch überrascht gwesa, daß se m gar koine Vorwürf gmacht hot. Ganz bedeppert isch r dogstanda – mit dr Glasglock en dr Hand. Er hots net begriffa, daß dui auf oimal so lieb zu m war.

Er hot seine Vulkan, die wo gschafft hen, aständig putzt.

»I mag di fei«, hot se zu m gsagt. »Du hasch nix drvo gwußt. S war mei Schuld. Des macht aber nix. Du bisch genauso domm gwesa wie i. Guck, daß da glücklich wirscht … Laß dui Glasglock ruhig. I will se nemme.«

»Aber dr Wind …«

»So verkältat ben e au wieder net … Dui frischa Nachtluft tut mir gut. I ben a Blum.«

»Aber die Viecher …«

»I will d Schmetterling kennalerna. Na werd e wohl zwoi oder drei Raupa verkrafta. Des hot doch au sein Sinn. Wer soll me sonscht bsucha? Du bisch na weit fort. On vor de große Viecher, vor dene han i koi Angscht. I han meine Kralla.«

Treuherzig hot se ihre vier Dorna zeigt. Na hot se gsagt:

»Trödle net so rom. Des regt mi auf. Du hasch gsagt, daß da gohscht. Na gang au!«

Weil – se hot net wolla, daß r sieht, wie se heult. S war a arg stolza Blum …

X

Er isch en dr Gegend von de Aschteroida 325, 326, 327, 328, 329 on 330 gwesa. Er hot bei älle a Bsüchle gmacht – daß r a Gschäft hot on ebbes lerna ka.

Aufm erschta hot a König gwohnt. Der König hot Kleider aghabt aus lauter Purpur on Hermelin on isch auf ama Thron gsessa, der wo ganz oifach on doch königlich war.

»Do, do guck na! A Befehlsempfänger!« hot der König gschria, wo r da kleina Prinz gseha hot.

On dr kleine Prinz hot sich gfragt:

Wie ka der mi kenna? Der hot mi doch no nie gseha!

Er hot net gwußt, daß d Welt für en König ebbes ganz Oifachs isch: Älle Leut sen Befehlsempfänger.

»Komm näher her, daß e de besser seh«, hot der König zu m gsagt. Er isch richtig stolz gwesa, daß r endlich König war für ebber.

Dr kleine Prinz hot sich omguckt, ob r irgendwo nahocka könnt. Aber der Planet isch randvoll gwesa von dem herrlicha Hermelinmantel. Na isch r standablieba. On weil r müd gwesa isch, hot r agfanga zom gähna.

»S ghört sich net, vor ama König zom gähna«, hot m der König gsagt. »Des verbiet i dir.«

»I ka net anders«, hot dr kleine Prinz gsagt. Er war ganz durchanander. »I ben lang onterwegs gwesa, on i han net gschlafa …«

»Also«, hot dr König zu m gsagt, »no befehl i dir zom gähna. I han scho ewig niemand mehr gähna seha. Dei Gähna isch für mi ebbes ganz Extras. Auf! Gähn weiter! Des isch a Befehl!«

»Des macht mir angscht … i ka nemme …«, hot dr kleine Prinz gsagt on isch ganz rot worda.

»Hm! Hm!« hot dr König zur Antwort geba. »Also, i … i befehl dr amol zom gähna on amol zom …«

Er hot a bißle romgstottert on war scheints narret.

Der König hot nämlich ganz arg Wert drauf glegt, daß r a Respektsperson isch. Er hots überhaupt net braucha könna, wenn m ebber net gfolgt hot. So en König hots auf dr Welt net glei geba. Aber weil r a guter Mensch war, hot r vernünftige Befehl geba.

»Wenn i ema General befehla tät«, hot r gern gsagt, »wenn i ema General befehla tät, er soll sich en n Meeresvogel verwandla, on wenn der General net folga tät, na wärs net dem General sei Schuld. S wär mei Schuld.«

»Darf i mi nahocka?« hot dr kleine Prinz schüchtern gfragt.

»I befehl dir, daß da de nahockscht«, hot m dr König zur Antwort geba on hot en Zipfel von seim Hermelinmantel großartig zu sich herzoga.

Aber dr kleine Prinz isch aus m Stauna nemme nauskomma. Der Planet isch winzig gwesa. Über was hot der König bloß herscha könna?

»Herr König …«, hot r zu m gsagt, »Ihr müßt entschuldiga, daß e Euch a Frag stell …«

»I befehl dir, daß du mir a Frag stellsch«, hot dr König tapfer gsagt.

»Herr König … über was herrschat Ihr eigentlich?«

»Über älles«, hot m dr König zur Antwort geba, wie wenn des ganz oifach wär.

»Über älles?«

Mit ra kleina Handbewegung hot dr König auf sein Planeta, auf de andere Planeta on auf d Stern zeigt.

»Über des älles?«, hot dr kleine Prinz gfragt.

»Über des älles …«, hot dr König als Antwort geba.

Weil – des isch a König gwesa, der wo net bloß de ganz Welt regiert hot, sondern ds ganze Universum.

»On d Stern folgat Euch?«

»Natürlich«, hot m dr König gsagt. »Se folgat aufs Wort. I ka s net braucha, wenn ebber net folgt.«

Dr kleine Prinz hot net schlecht gstaunt ob so ra Macht. Wenn r selber so mächtig gwesa wär, na hätt r net bloß vieravierzig, sondern zwoiasiebzig oder sogar hondert oder sogar zwoihondert Sonnaontergäng an oim Tag agucka könna, ohne sein Stuhl zom verrucka! Do isch r a blißle traurig worda, wie r sich an sein kleina verlassena Planet erinnert hot. Er hot sich a Herz gfaßt on hot den König gfragt, ob r ihm en Gfalla do könnt:

»I tät gern en Sonnaontergang seha … Sen so gut … Sagat au dr Sonne, se soll onterganga … «

»Wenn i ema General befehla tät, er soll wie a Schmetterling von oiner Blum zur andera fliega oder a Trauerspiel schreiba oder sich en n Meeresvogel verwandla, on wenn der General des net tät, was i m auftraga han – wer von ons zwoi wär schuld: der oder i?«

»Ihr wärat schuld«, hot dr kleine Prinz energisch gsagt.

»Richtig! Mr muß von jedem des verlanga, was r leischta ka«, hot dr König gsagt. »Zur Macht ghört zerscht amol d Vernunft. Wenn da deim

Volk befiehlsch, se sollat sich älle mitnander ens Meer stürza, na machat se en Aufstand. Jetzt i darf verlanga, daß se folgat. Meine Befehl sen vernünftig.«

»On mei Sonnaontergang?« Dr kleine Prinz hot net locker glassa. Wenn r a Frag amol gstellt ghabt hot, na hot r se nemme vergessa.

»Dein Sonnaontergang kannsch han. Des werd e scho befehla. Aber i verstand ebbes von meim königlicha Handwerk. I wart voll, bis die Omständ gschickt sen.«

»Wann isch s na soweit?« hot sich dr kleine Prinz erkundigt.

»Hm! hm!« hot m dr König zur Antwort geba on hot erscht amol en großa Kalender studiert. »Hm! Hm! Des isch soweit, so om … so om … des isch soweit heut obend om zwanzig Minuta vor achte! Wirsch seha, wie mr mir folgt.«

Dr kleine Prinz hot gähna müssa. S hot m leid do, daß r sein Sonnaontergang verpaßt hot. Außerdem isch s m scho a bißle langweilig gwesa:

»Dohanna han e koi Gschäft mehr«, hot r zom König gsagt. »I gang wieder!«

»Bleib do«, hot m dr König zur Antwort geba. Er war so stolz, daß r en Befehlsempfänger ghabt hot. »Bleib do, i mach en Minischter aus dr!«

»Was für n Minischter?«

»En … en Justizminischter!«

»Wen soll mr denn richta? S isch doch gar niemand do!«

»Des woiß mr net«, hot m dr König gsagt. »I ben no net überall romkomma en meim Reich. I ben ziemlich alt. I han koin Platz für a Fuhrwerk, on vom Laufa werd e müd.«

»Ach!« hot dr kleine Prinz gsagt. On er hot sich buckt, daß r au de ander Seit vom Planet gseha hot. »Do drüba isch au niemand …«

40

»No tuscht de halt selber richta«, hot m dr König zur Antwort geba. »Des isch am schwierigschta. S isch viel schwieriger, sich selber zom richta wie d ander Leut. Wenn da des gut nabringscht, na bisch wirklich a weiser Ma.«

»I selber«, hot dr kleine Prinz gsagt, »i ka mi überall richta. Dodrzu brauch e net dohanna wohna.«

»Hm! Hm!« hot dr König gsagt, »i glaub, auf meim Planet gibts irgendwo a alte Ratt. I hör se nachts. Du könntescht sell alte Ratt verurteila. Verhängsch ab on zu d Todesstraf. Na hängt dera ihr Leba von deiner Gerechtigkeit ab. Du tuscht se natürlich jedesmol begnadiga, daß se net omkommt. S gibt bloß oina.«

»I kas net leida, wenn e ebber zom Tod verurteila muß«, hot dr kleine Prinz zur Antwort geba. »On em übriga gang i jetzt.«

»Noi«, hot dr König gsagt.

Dr kleine Prinz war scho zom Abmarsch grichtat. Aber er hot dem alta König net weh do wolla:

»Herr König, wenn Ihrs gern hen, daß mr Euch folgt aufs Wort, na könntat Ihr mir en vernünftiga Befehl geba. Ihr könntat mir zom Beispiel befehla, daß e innerhalb von ra Minut verschwinda soll. I han da Eidruck, daß d Omständ gschickt sen …«

Dr König hot nix meh gsagt. Deswega hot dr kleine Prinz erscht langsam do, hot na en Seufzer do on isch ganga.

»I mach de zu meim Botschafter«, hot m dr König tapfer no henterhergschria.

Er hot sich arg wichtig gnomma.

De große Leut sen scho komisch, hot sich dr kleine Prinz gsagt, wo r onterwegs gwesa isch.

XI

Aufm zwoita Planet hot a eitler Denger gwohnt:

»Jetzat! Do guck na! Do kommt oiner on will me bewundra«, hot der eitle Denger scho von weitem gschria, wo r da kleina Prinz gseha hot.

Weil – für die, wo so eitel sen, sen d ander Leut halt sotte, wo se bewundrat.

»Grüß Gott«, hot dr kleine Prinz gsagt. »Sie hen amol en luschtiga Hut auf.«

»Der isch zom Grüß Gott saga«, hot m der eitle Denger zur Antwort geba. »Der isch zom Grüß Gott saga, wenn ebber klatscht. Dommerweis kommt dohanna nie ebber vorbei.«

»Awa!« hot dr kleine Prinz gsagt. Dodrbei hot r s gar net verstanda.

»Klatsch amol«, hot m do der eitle Denger grata.

Dr kleine Prinz hot klatscht. Dr eitle Denger hot sein Hut glupft on hot brav Grüß Gott gsagt.

Dohanna isch s luschtiger wie beim König, hot sich dr kleine Prinz gsagt. On er hot wieder klatscht. Der eitle Denger hot wieder sein Hut glupft on hot Grüß Gott gsagt.

Nach fünf Minuta hot dr kleine Prinz gnug ghabt von dem langweiliga Spiel:

»On was muß mr macha, daß dr Hut ronterfällt?« hot r gfragt.

Aber der eitle Denger hot des gar net ghört. Die wo so eitel sen, hörat bloß, wenn mr se lobt.

»Gell, du bewunderscht mi arg?« hot r da kleina Prinz gfragt.

»Was hoißt n ›bewundra‹?«

»Bewundra hoißt – du gibsch zu, daß e dr schönschte Ma vom Planet ben, der wo am beschta azoga isch, dr reichschte on dr gscheiteschte.«

»Du bisch doch alloi auf deim Planet!«

»Sei so gut, bewunder me trotzdem!«

»I bewunder di«, hot dr kleine Prinz gsagt on hot a bißle mit de Achsla zuckt, »aber warom isch dr des so wichtig?«

On dr kleine Prinz isch auf on drvo.

Gwiß wohr, hot r sich saga müssa, wo r onterwegs gwesa isch, de große Leut sen arg komisch.

XII

Aufm nächschta Planet hot a Säufer gwohnt. Der Bsuch hot net lang dauert, aber er hot da kleina Prinz richtig schwermütig gmacht:

Der Säufer isch mit ra Leidensmiene vor ra Batterie leere on volle Flascha ghockt, wo dr kleine Prinz komma isch. »Was tuscht n do?« hot r n gfragt.

»I sauf«, hot der Säufer trübselig zur Antwort geba.

»Warom saufsch du?« hot n dr kleine Prinz gfragt.

»Daß e mei Elend vergeß«, hot dr Säufer zur Antwort geba.

»Welches Elend?« hot dr kleine Prinz wissa wolla. Der Säufer hot n scho dauert.

»Des Elend, daß e me schäm«, hot der Säufer zugeba on hot da Kopf hänga lassa.

»Warom schämsch du di?« hot dr kleine Prinz gfragt. Er hot m helfa wolla.

»Weil e sauf!« hot dr Säufer na gsagt on hot voll ganz sei Leidens-
miene aufgsetzt.

On dr kleine Prinz isch drvoglaufa – s isch m nix meh eigfalla.

Gwiß wohr, de große Leut sen meh wie komisch, hot r sich gsagt, wo
r onterwegs war.

XIII

Dr vierte Planet hot ema Gschäftsma ghört. Der Ma war so beschäf-
tigt, daß r net amol aufguckt hot, wo dr kleine Prinz komma isch.

»Grüß Gott«, hot r zu m gsagt. »Ihr Zigarett isch ausganga.«

»Drei on zwoi sen fünf. Fünf on sieba zwölf. Zwölf on drei fünfzehn.
Grüß Gott. Fünfzehn on sieba zwoiazwanzig. Zwoiazwanzig on sechs
achtazwanzig. Koi Zeit, daß e se wieder azünd. Sechsazwanzig on fünf
oisadreißig. Gott sei Dank! Des macht zsamma fünfhondert on oi
Million sechshondertzwoiazwanzigtausendsiebahondertoisadreißig.«

»Fünfhondert Milliona von was?«

»Wie? Du bisch emmer no do? Fünfhondert on oi Million von … i
woiß nemme … I han so viel Gschäft! I ben a wichtiger Ma, i han koin
Kopf für Spielereia! Zwoi on fünf sen sieba …«

»Fünfhondert on oi Million von was?« hot dr kleine Prinz nomal
gfragt. Gar nie hot r nachgeba, wenn m ebbes wichtig war.

Der Gschäftsma hot aufguckt:

»Jetzt wohn e seit vierafünfzig Johr auf dem Planet on ben erscht dreimol gstört worda. Zom erschta Mol isch des vor zwoiazwanzig Johr passiert. Do isch a Maikäfer rontergfalla – woiß dr liebe Gott, von woher. Er hot en fürchterlicha Radau gmacht, on i han me viermol verrechnat. Zom zwoita Mol isch des vor elf Johr passiert. Do han e en Rheumaafall kriegt. Mir fehlt Bewegung. I han koi Zeit zom Spazieraganga. I ben fei a wichtiger Ma. Zom dritta Mol … isch s grad passiert. Also, i han gsagt fünfhondert on oi Million …«

»Milliona von was?«

Dr Gschäftsma hot kapiert, daß der net glei a Ruh gibt:

»Milliona von dene kleine Denger, die wo mr manchmol am Hemmel sieht.«

»Mugga?«

»Ach was, kleine Denger, die wo glänzat.«

»Biena?«

»Ach was! Kloine goldene Denger, von dene wo d Faulenzer gern träumat. Aber i ben fei a wichtiger Ma! I han koi Zeit zom träuma.«

»Ach so! Stern?«

»Genau! Stern!«

»On was machsch du mit fünfhondert Milliona Stern?«

»Fünfhondert on oi Million sechshondertzwoiazwanzigtausendsiebahondertonoisadreißig. I ben fei a wichtiger Ma, i nehms genau.«

»On was machsch du mit dene Stern?«

»Was i dodrmit mach?«

»Ja.«

»Nix. Die ghörat mir.«

»Dir ghörat d Stern?«

»Ja.«

»Aber i han scho en König gseha, der wo …«

»De König ghört gar nix. Die regierat höchschtens. Des isch ebbes ganz anders.«

»On was hasch drvo, wenn dr d Stern ghörat?«

»Des macht me reich.«

»On was hasch drvo, wenn da reich bisch?«

»No ka e no meh Stern kaufa, wenn ebber welche findat.«

Der do, hot sich dr kleine Prinz gsagt, der schwätzt bald raus wie mei Säufer.

Er hot aber oinaweg no Fraga gstellt:

»Wie könnat oim d Stern ghöra?«

»Wem ghörat se?« hot dodrauf dr Gschäftsma grantig gsagt.

»I woiß net. Niemand.«

»No ghörat se mir, weil i als erschter dodra denkt han.«

»On des langt?«

»Natürlich. Wenn da en Diamant findesch, der wo niemand ghört, na ghört r dir. Wenn da a Insel entdecksch, die wo niemand ghört, na ghört se dir. Wenn da als erschter a Idee hasch, läßt se patentiera – na ghört se dir. On mir, mir ghörat d Stern, weil vor mir no niemand dra denkt hot, se tätat m ghöra.«

»Des isch wohr«, hot dr kleine Prinz gsagt. »On was machsch drmit?«

»I tu se verwalta. I zähl se, i zähl se emmer wieder«, hot dr Gschäftsma gsagt. »Des isch fei net leicht. Aber i ben a wichtiger Ma.«

Dr kleine Prinz isch no net zfrieda gwesa.

»Wenn e en Schal han, na ka e den om da Hals do on mitnehma. Wenn e a Blum han, na ka e mei Blum pflücka on mitnehma. Aber d Stern kannsch net pflücka!«

»Noi, aber i ka se auf d Bank do.«

»Was soll n des hoißa?«

»Des hoißt, daß i auf a Zettele schreib, wie viel Stern i han. On na tu i des Zettele en a Schublad nei on sperr zu.«

»On des isch älles?«

»Des langt!«

S isch luschtig, hot dr kleine Prinz denkt. Des hört sich richtig dichterisch a. Aber arg wichtig isch s net.

Dr kleine Prinz hot sich de wichtige Sacha ganz anders vorgstellt wie de große Leut.

»Mir«, hot r no gsagt, »mir ghört a Blum, die wo e äll Tag gieß. Mir ghörat drei Vulkan, die wo e jeda Woch putz. Weil – i putz au den, der wo nemme schafft. Mr woiß nie. S isch gut für meine Vulkan, on s isch gut für mei Blum, daß se mir ghörat. Aber du hasch koin Wert für d Stern.«

Dr Gschäftsma hot s Maul aufgmacht, aber er hot nemme gwußt, was r saga soll. On dr kleine Prinz isch auf on drvo.

Gwiß wohr, hot r sich saga müssa, wo r onterwegs gwesa isch, de große Leut sen ebbes ganz Extras.

XIV

Dr fünfte Planet war arg komisch. Des war dr kleinschte von älle. Do hots grad Platz ghabt für a Straßalatern on für en Laternaazünder. Dr kleine Prinz hot sichs net erklära könna, für was mr irgendwo em Hemmel auf ama Planet, wo s koi Haus on koine Leut gibt, a Straßalatern braucht on en Laternaazünder. Aber er hot sich gsagt:

Gut, vielleicht isch seller Ma verrückt. Oinaweg isch r net so verrückt wie der König, wie der eitle Denger, wie der Gschäftsma on wie der Säufer. Sei Gschäft hot wenigschtens en Wert. Wenn r sei Latern azündat, na isch des, wie wenn r en neua Stern auf d Welt bringa tät – oder a Blum. Wenn r sei Latern ausmacht, na schlaft dui Blum oder der Stern ei. Des isch a richtig schees Gschäft. S hot echt en Wert, weils schee isch.

49

Wo r glandat isch auf dem Planet, hot r zu dem Laternaazünder Grüß Gott gsagt, wie sichs ghört:

»Grüß Gott. Warom hasch grad dei Latern ausgmacht?«

»Des isch dr Befehl«, hot der Laternaazünder zur Antwort geba. »Grüß Gott.«

»Was isch n dr Befehl?«

»Daß e mei Latern ausmach. Guta Obend.«

On er hot se wieder azündat.

»Aber warom hasch se grad wieder azündat?«

»Des isch dr Befehl«, hot der Laternaazünder zur Antwort geba.

»I verstand gar nix«, hot dr kleine Prinz gsagt.

»Do gibts nix zom verstanda«, hot der Laternaazünder gsagt. »Befehl isch Befehl. Grüß Gott.«

On er hot sei Latern ausgmacht.

Not hot r sich d Stirn mit ama rotkarierta Taschatuch abtrocknat.

»I han en schrecklicha Beruf. Früher isch des vernünftig gwesa. Morgens han e se azündat, on obends han e se ausgmacht. Da Rescht vom Tag han e me ausruha könna on da Rescht von dr Nacht schlafa ...«

»On seit dera Zeit isch dr Befehl gändert worda?«

»Dr Befehl isch net gändert worda«, hot der Laternaazünder gsagt. »Des isch ja grad des Drama! Dr Planet hot sich von Johr zu Johr schneller on schneller dreht, on dr Befehl isch net gändert worda!«

»On jetzt?« hot dr kleine Prinz gfragt.

»On jetzt dreht r sich oimal en dr Minut, on i han koi Sekond meh a Ruh. Oimal en dr Minut tu e azünda on ausmacha!«

»Des isch witzig! Bei dir dauert a Tag a Minut.«

»Des isch überhaupt net witzig«, hot der Laternaazünder gsagt. »Jetzt schwätza mr scho en Monat mitnander.«

»I han en schrecklicha Beruf.«

»En Monat?«

»Ja. Dreißig Minuta. Deißig Tag! Guta Obend.«

On er hot sei Latern wieder azündat.

Dr kleine Prinz hot n aguckt on hot n oifach möga müssa – so brav hot sich der an da Befehl ghalta. Do hot r an die Sonnaontergäng denkt. Wega dene hot r früher sein Stuhl verruckt, daß r se seha ka. Er hot seim Freund helfa wolla:

»Woißt doch … i woiß ebbes, wie da de ausruha könntescht, wenn da willsch …«

»I will emmer«, hot der Laternaazünder gsagt.

Mr ka nämlich brav on faul auf oimal sei.

Dr kleine Prinz hot glei gsagt:

»Dei Planet isch so klei, daß da mit drei Hopfer oimal romkommsch. Du mußt bloß langsam gnug laufa, na bleibsch emmer en dr Sonne. Wenn da de ausruha willsch, na laufsch oifach … on na dauert dr Tag so lang, wie da willsch.«

»Des bringt mr net grad viel«, hot der Laternaazünder gsagt. »Was e für mei Leba gern tu, des isch schlafa.«

»Pech ghabt«, hot dr kleine Prinz gsagt.

»Pech ghabt«, hot der Laternaazünder gsagt. »Grüß Gott.«

On er hot sei Latern ausgmacht.

Der do, hot sich dr kleine Prinz gsagt, wo r wieder onterwegs gwesa isch, auf den guckat älle andere ronter, dr König, der eitle Denger, dr Säufer, dr Gschäftsma. Oinaweg isch des dr oinzige, der wo mir net lächerlich vorkommt. Vielleicht isch s deswega, weil r sich net bloß mit sich selber beschäftigt.

Er hot en Seufzer do, weil r n dauert hot, on hot sich no gsagt:

Der do isch dr oinzige, der wo mei Freund hätt werda könna. Aber sei Planet isch wirklich z klei. S hot koin Platz für zwoi …

Dr kleine Prinz hot ebbes net zugeba wolla – er hot dem bsondera Planet nachtrauert, vor ällem wega dene tausendvierhondertonvierzig Sonnaontergäng en vierazwanzig Stond!

XV

Dr sechste Planet isch zehnmol so groß gwesa. Auf dem hot a alter Herr gwohnt, der wo dicke Bücher gschrieba hot.

»Hoppla! Do guck na! A Forscher!« hot r gschria, wo r da kleina Prinz gseha hot.

Dr kleine Prinz isch auf da Tisch ghockt on hot a bißle verschnauft. Er isch scho so lang onterwegs gwesa!

»Wo kommsch n du her?« hot n der alte Herr gfragt.

»Was isch des für a dicks Buch?« hot dr kleine Prinz gfragt. »Was machat Sie do?«

»I ben Geograph«, hot der alte Herr gsagt.

»Was isch n a Geograph?«

»Des isch a Gschtudierter, der wo woiß, wo d Meer sen, d Flüss, d Städt, d Berg on d Wüschtena.«

»Des isch amol interessant«, hot dr kleine Prinz gsagt. »Endlich a gscheiter Beruf!« On er hot gschwind romguckt auf dem Geograpa seim Planeta. Er hot no nie so en herrlicha Planeta gseha ghabt.

»Der isch arg schee, Ihr Planet. Gibts do a Meer?«

»Des woiß doch i net«, hot der Geograph gsagt.

»Ach!« (Dr kleine Prinz isch enttäuscht gwesa.) »On Berg?«

»Des woiß doch i net«, hot der Geograph gsagt.

»On Städt on Flüss on Wüschtena?«

»Des woiß e genausowenig«, hot der Geograph gsagt.

»Aber Sie sen doch Geograph!«

»Do hasch du recht«, hot der Geograph gsagt, »aber i ben koi Forscher. Forscher hen mir net oin oinziga. S isch net dr Geograph, der wo hergoht on Städt, Flüss, Berg, Meer, Weltmeer on Wüschtena zählt. Dr Geograph isch z wichtig, daß r dürft spazieraganga. Der bleibt en seiner Studierstub. Aber er läßt die Forscher herkomma. Er stellt n Fraga, on er schreibt auf, was se m verzählat. On wenn m dodrvo ebbes wichtig isch, na läßt dr Geograph dem Forscher sein Lebenswandel ontersucha.«

»Wieso des?«

»Weils a Kataschtroph wär mit de Geographiebücher, wenn a Forscher lüga tät. On genauso, wenn a Forscher saufa tät.«

»Wieso des?« hot dr kleine Prinz gfragt.

»Weil d Säufer älles doppelt sehat. Na tät dr Geograph zwoi Berg neimala, wo s bloß oin gibt.«

»I kenn ebber«, hot dr kleine Prinz gsagt, »der wär a schlechter Forscher.«

»Des ka scho sei. Also, wenn dr Lebenswandel vom Forscher nach ebbes aussieht, na läßt mr ontersucha, was r entdeckt hot.«

»Do goht mr na on guckt nach?«

»Noi. Des isch z omständlich. Aber mr verlangt vom Forscher, daß r Beweismaterial liefert. Wenn r zom Beispiel en großa Berg entdeckt hot, na verlangt mr, daß r große Stoi mitbringt.«

Dr Geograph hot sich zmol ereifert.

»Aber du, du kommsch von weit her! Du bisch a Forscher! Du mußt mr dein Planeta beschreiba!«

On dr Geograph hot sei Notizbuch aufgschlaga on sein Bleistift gspitzt. Mr schreibt zerscht amol mit Bleistift auf, was d Forscher verzählat. Mr wartat, eb mr mit Tinte schreibt, bis dr Forscher Beweismaterial gliefert hot.

»Jetzat?« hot dr Geograph gfragt.

»Ach!« hot dr kleine Prinz gsagt, »bei mir drhoim isch net viel los. Do gohts ziemlich eng her. I han drei Vulkan. Zwoi schaffat no, on oiner schafft nemme. Aber mr woiß nie.«

»Mr woiß nie, hot dr Geograph gsagt.«

»I han au a Blum.«

»D Bluma tun mr net neimala«, hot dr Geograph gsagt.

»Wieso des? Die sen am schönschta!«

»Weil d Bluma vergänglich sen.«

»Was hoißt ›vergänglich‹?«

»D Erdkundebücher«, hot dr Geograph gsagt, »sen de wertvollschte Bücher, wo s gibt. Die kommat nie aus dr Mode. S passiert arg selta, daß a Berg sich vom Fleck rührt. S passiert arg selta, daß a Meer sei Wasser verliert. Mir schreibat onser Sach für d Ewigkeit.«

»Aber d Vulkan, die wo nemme schaffat, könnat wieder afanga zom schaffa«, hot n dr kleine Prinz onterbrocha. »Was hoißt ›vergänglich‹?«

»Ob die Vulkan nemme schaffat oder wieder schaffat, des lauft für ons aufs gleiche naus«, hot dr Geograph gsagt. »Was für ons zählt, isch dr Berg. Der verändert sich net.«

»Aber was hoißt ›vergänglich‹?«, hot dr kleine Prinz nomal gfragt. Seiner Lebtag hot r net nachgeba, wenn m ebbes wichtig war.

»Des hoißt, ›ebbes isch nemme lang do‹.«

»Mei Blum isch nemme lang do?«

»Natürlich.«

Mei Blum isch ›vergänglich‹, hot sich dr kleine Prinz gsagt, on se hot bloß vier Dorna, mit dene wo se sich wehra ka! On i han se ganz alloi drhoim glassa.

Do hots m zom erschta Mol leid do, daß r fortganga isch. Aber er hot sich zsammagnomma:

»Was tätat Se mr rata? Wo könnt e no a Bsüchle macha?« hot r gfragt.

»Aufm Planet Erde«, hot m dr Geograph zur Antwort geba. »Von dem han e no nie ebbes Schlechts ghört …«

On dr kleine Prinz hot an sei Blum denkt on isch auf on drvo.

XVI

Dr siebte Planet isch also d Erde gwesa.

D Erde isch fei net irgenda x-beliebiger Planet! Do gibts hondertonelf König (d Negerkönig natürlich mitgrechnat), siebatausend Geoprapha, neunhonderttausend Gschäftsleut, siebaahalb Milliona Säufer, dreihondertonelf Milliona eigebildete Denger – des sen zsamma ogfähr zwoi Milliarda große Leut.

I muß euch saga, wie groß d Erde isch, daß r euch a Bild macha könnat. Bevor mr da Strom erfonda hot, hot mr do auf dene sechs Kontinent a regelrechta Armee von vierhondertzwoiasechzigtausendfünfhondertonelf Laternaazünder onterhalta müssa.

Von weitem hot des herrlich ausgseha. Dui Armee isch drillt gwesa wie a Opernballett. Zerscht sen die Laternaazünder aus Neuseeland on Auschtralien drakomma. Wenn se fertig warat mit ihrm Gschäft, na hen se sich naglegt. Dodrauf hen die Laternaazünder aus China on Sibirien mit ihrm Tanz agfanga. Die sen na au henter de Kulissa verschwunda. Dodrauf sen die Laternaazünder aus Rußland on Indien drakomma. Na die aus Afrika on aus Europa. Na die aus Südamerika. Na die aus Nordamerika. On gar nie isch ebber aus dr Reihe tanzt. Des war einmalig.

Bloß der, der wo de oinzig Latern aufm Nordpol azündat hot on sei Kollege von dr oinziga Latern aufm Südpol hen a ruhiga Kugel gschoba: Zwoimal em Johr hen se gschafft.

XVII

Wenn da gscheit rausschwätza willsch, na mußt dronternei a bißle
übertreiba. I ben net grad ehrlich gwesa, wo e euch von de Laterna-
azünder verzählt han. Do ben i womöglich schuld, wenn sich ebber, der
wo onsern Planeta net kennt, a falschs Bild macht. D Leut brauchat
ziemlich wenig Platz auf dr Erde. Wenn die zwoi Milliarda, die wo auf
dr Erde omanandersprengat, aufrecht on a bißle phäb nastanda tätat, wie
bei ra Volksversammlung zom Beispiel – na tätat se glatt on sauber auf
en öffentlicha Platz von zwanzig auf zwanzig Meila passa. Mr könnt de
ganz Menschheit auf ma kleina Insele em Pazifik zsammapfercha.

Freilich, de große Leut glaubat euch des net. Die bildat sich ei, se tätat
viel Platz braucha. Se nehmat sich so wichtig wie d Affabrotbäum. Na
sagat r n am beschta, se sollat nachrechna. Des gfällt n – die hen Zahla
furchtbar gern. Aber verplemprat ihr euer Zeit net dodrmit. S bringt nix.
Des könnat r mr ruhig glauba.

Jetzt war dr kleine Prinz also auf dr Erde on hot sich arg gwondert,
daß r niemand gseha hot. Er hot scho Angscht ghabt, er hätt da falscha
Planet verwischt. Zmol sieht r, wie sich em Sand a mondfarbener Ring
hin- on herbewegt.

»Gut Nacht«, hot dr kleine Prinz aufs Gratwohl gsagt.

»Gut Nacht«, hot dui Schlang gsagt.

»Auf welchem Planeta ben e glandat?« hot dr kleine Prinz gfragt.

»Auf dr Erde, en Afrika«, hot dui Schlang zur Antwort geba.

»Ach! … Ja na isch niemand auf dr Erde?«

»Des dohanna isch d Wüschte. En dr Wüschte isch niemand. D Erde
isch groß«, hot dui Schlang gsagt.

Dr kleine Prinz hot sich auf n Stoi ghockt on hot zom Hemmel nauf-
guckt:

»I frag mi«, hot r gsagt, »ob d Stern deshalb leuchtat, daß jeder amol sein Stern wiederfindat. Guck dr mein Planet a. Der stoht grad über ons … Aber er isch arg weit fort.«

»Der isch schee«, hot dui Schlang gsagt. »Wega was bisch herkomma?«

»I han Händel mit ra Blum«, hot dr kleine Prinz gsagt.

»Awa!« hot dui Schlang gsagt.

On se hen nix meh gsagt.

»Wo sen d Leut?« hot dr kleine Prinz zletzt wieder agfanga. »Mr isch a bißle alloi en dr Wüschte …«

»Mr isch au bei de Leut alloi«, hot dui Schlang gsagt.

Dr kleine Prinz hot se lang aguckt:

»Du bisch amol a luschtigs Tierle«, hot r na zu ra gsagt, »dünn wie a Fenger …«

»Aber i breng meh na wie dr Fenger von ma König«, hot dui Schlang gsagt.

Dr kleine Prinz hot lacha müssa:

»Du bringsch gar nix na … du hosch net amol Füß … du kannsch net amol verreisa.«

»Mit mir kommsch weiter rom wie mit ama großa Schiff«, hot dui Schlang gsagt.

Se hot sich om da Knöchel vom kleina Prinz romgwickelt wie a goldes Armband:

»Den, wo i alang, den bring i onter da Boda – do na, wo r herkomma isch«, hot se no gsagt. »Aber du bisch scho recht. Weil – du kommsch von ma Stern …«

Dodrauf hot dr kleine Prinz nix gsagt.

»Du tusch mr grad leid. Do bisch arm dra en dera bösa Welt. I ka dr fei helfa, wenn da irgendwann Hoimweh hasch nach deim Planet. I ka …«

»Du bisch amol a luschtigs Tierle«,
hot r na zu ra gsagt, »dünn wie a Fenger …«

»Jetzat – han e s verstanda!« hot dr kleine Prinz gsagt. »Warom sagsch net glei, was da moinsch?«

»Mr verstoht me doch«, hot dui Schlang gsagt.

On se hen nix meh gsagt.

XVIII

Dr kleine Prinz isch durch d Wüschte glaufa on hot bloß a Blum troffa – a Blum mit drei Blütablätter, a ganz armseliga Blum …

»Grüß Gott«, hot dr kleine Prinz gsagt.

»Grüß Gott«, hot dui Blum gsagt.

»Wo sen d Leut?« hot dr kleine Prinz höflich gfragt.

Dui Blum hot amol gseha ghabt, daß a Karawane vorbeizieht:

»D Leut? Von dene gibts glaub sechs oder sieba. I han se vor Jahren amol gseha. Aber mr woiß nie, wo mr se findat. Dr Wind blast se durch d Gegend. Se hen koine Wurzla – des isch arg schlimm für se.«

»Ade«, hot dr kleine Prinz gsagt.

»Ade«, hot dui Blum gsagt.

XIX

Dr kleine Prinz isch auf n hoha Berg naufgstiega. De oinzige Berg, die wo r kennt hot, sen die drei Vulkan gwesa. Die sen m aber bloß bis ans Knie ganga. On den Vulkan, der wo nemme gschafft hot, den hot r als Schemel gnomma. Von ma hoha Berg aus, hot r sich nämlich gsagt, seh i da ganza Planet on älle Leut auf oimal … Aber er hot nix gseha wie spitziga Felsa – richtig spitz wie Nadla.

»Grüß Gott«, hot r gsagt aufs Gratwohl.

»Grüß Gott … Grüß Gott … Grüß Gott …«, hot m ds Echo zur Antwort geba.

»Wer sen ihr?« hot dr kleine Prinz gfragt.

»Wer sen ihr? … Wer sen ihr? … Wer sen ihr? …«, hot m ds Echo zur Antwort geba.

»I hätt gern a paar Freund. I ben alloi«, hot r gsagt.

»I ben alloi … alloi … alloi …«, hot m ds Echo zur Antwort geba.

Des isch a komischer Planet! hot r denka müssa. Der isch meh wie troschtlos, furchtbar ogmütlich on saumäßig kalt. On d Leut hen koi Phantasie. Se schwätzat nach, was mr n vorsagt … Bei mir drhoim han e a Blum ghabt – dui hot gern ds Wort gführt …

XX

Dr kleine Prinz isch lang durch da Sand, über d Felsa on durch da Schnee marschiert. Endlich hot r na a Straß entdeckt. On älle Straßa führat oin zu de Leut.

»Grüß Gott«, hot r gsagt.

Do war a Garta voller Rosa.

»Grüß Gott«, hen die Rosa gsagt.

Dr kleine Prinz hot se aguckt. Die hen älle ausgseha wie sei Blum.

»Wer sen n ihr?« hot se dr kleine Prinz ganz verdattert gfragt.

»Mir sen Rosa«, hen die Rosa gsagt.

»Awa!« hot dr kleine Prinz gsagt …

On er hot sich gar net wohlgfühlt. Sei Blum hot m verzählt ghabt, so oina wie sui täts auf dr ganza Welt bloß oimal geba. On jetzt warat do en oim oinziga Garta fünftausend drvo – oina wie de ander!

Se wär obacha bös, hot r sich gsagt, wenn se des seha tät … se tät furchtbar huschta on so do, wie wenn se sterba müßt – bloß daß se niemand auslacht. On i müßt na na do, wie wenn e se pflega tät. Weil – andernfalls tät se sich tatsächlich ds Leba nehma, bloß zom mir ois neidrucka …

Der Planet isch meh wie troschtlos, furchtbar ogmütlich on saumäßig kalt.

No hot r sich no saga müssa: I han denkt, i sei reich mit meiner bsondera Blum. Drbei han e nix wie a ganz normala Ros. Dui on meine drei Vulkan, die wo mr bis ans Knie gangat, von dene oiner womöglich nie meh schafft – des macht me net grad zu ma großa Prinz … On er hot sich ens Gras glegt on hot gheult.

XXI

Zmol isch dr Fuchs dogwesa.

»Grüß Gott«, hot dr Fuchs gsagt.

»Grüß Got«, hot dr kleine Prinz höflich zur Antwort geba. Er hot sich omdreht, aber er hot nix gseha.

»Do ben e«, hot dui Stimm gsagt, »onter dem Apfelbaum …«

»Wer bisch n du?«, hot dr kleine Prinz gfragt. »Du bisch amol schee …«

»I ben a Fuchs«, hot dr Fuchs gsagt.

»Komm, spiel mit mr«, hot m dr kleine Prinz vorgschlaga. »I ben so traurig …«

»I ka net mit dr spiela«, hot dr Fuchs gsagt. »I ben net zähmt.«

»Ach! Entschuldigung«, hot dr kleine Prinz gsagt.

No hot r gschwind überlegt on hot nachghakt:

»Was hoißt n ›zähma‹?«

»Du bisch koi Hiesiger«, hot dr Fuchs gsagt, »suchsch du ebbes?«

»I such d Leut«, hot dr kleine Prinz gsagt. »Was hoißt n ›zähma‹?«

»D Leut«, hot dr Fuchs gsagt, »die hen Gwehr, on se gangat auf d Jagd. Des isch ziemlich oagnehm! Se ziehat au Henna. Sonsch interessiert se nix. Suchsch du Henna?«

»Noi« hot dr kleine Prinz gsagt. »I such Freund. Was hoißt jetzt ›zähma‹?«

»Zähma, des kennt mr bald nemme«, hot dr Fuchs gsagt. »Des hoißt soviel wie ›ebber häbig macha‹ …«

»Ebber häbig macha?«

»Freilich«, hot dr Fuchs gsagt. »Für mi bisch du bis jetzt bloß a kleiner Bua, der wo aussieht wie honderttausend andere kleine Buba au. I brauch di net, on du brauchsch mi net. On i ben für di bloß a Fuchs, der wo aussieht wie honderttausend andere Füchs. Aber wenn du mi häbig machsch, na braucha mr anander. Na bisch du für mi ds Größte auf dr Welt, on i ben für di ds Größte auf dr Welt.«

»So langsam verstand i«, hot dr kleine Prinz gsagt. »S gibt do a Blum … i glaub, dui hot mi häbig gmacht …«

»Des ka gut sei«, hot dr Fuchs gsagt, »auf dr Erde gibts älles mögliche …«

»Oh! Des isch fei net auf dr Erde«, hot dr kleine Prinz gsagt.

Zmol war dr Fuchs ganz aufgregt:

»Auf ama andera Planet?«

»Ja.«

»Gibts do Jäger auf sellam Planet?«

»Noi.«

»Des isch amol interessant! On Henna?«

»Noi.«

»Mr ka halt net älles han«, hot dr Fuchs vor sich nagjammert.

Aber dr Fuch hot net locker glassa:

»Mei Leba isch äll Tag gleich. I jag d Henna. D Leut jagat mi. Älle

68

Henna sen gleich, on älle Leut sen gleich. Deswega isch mir a bißle langweilig. Aber wenn da me zähmsch, na goht en meim Leba d Sonne auf. Na kenn i dein Schritt on hör n onter älle andere raus. Bei ma fremda Schritt gang e en Deckung. Jetzt dei Schritt isch wie a Musik on lockt me raus aus m Bau. On nomal ebbes! Siehsch dodrüba die Weizafelder? I eß koi Brot. Vom Weiza han i nix. On d Weizafelder gebat mr au nix. Des isch eigentlich traurig! Aber du hosch goldgelbe Haar. Wie schee muß des sei, wenn du mi amol zähmt hasch! Na denk e an di, wenn e en goldgelba Weiza seh. On na freu e me, wenn e hör, wie dr Wind rauscht em Weizafeld …«

Dr Fuchs hot nix meh gsagt on hot da kleina Prinz lang aguckt:

»Bitte … guck, daß da me zähmsch!« hot r gsagt.

»I wett scho«, hot dr kleine Prinz zur Antwort geba, »aber i han koi Zeit. I muß mr nach Freund gucka on en Haufa Zeug kennalerna.«

»Mr lernt bloß des kenna, was mr zähmt«, hot dr Fuchs gsagt. »D Leut hen koi Zeit meh, zom ebbes kennalerna. Die kaufat sich älles fertig en de Läda. Aber weils nirgends en Lada gibt, wo mr Freund kaufa ka, hen d Leut koine Freund meh. Wenn da en Freund willsch, mußt me zähma!«

»Was muß e da do?« hot dr kleine Prinz gfragt.

»Do mußt arg viel Geduld han«, hot dr Fuchs zur Antwort geba. »Zersch hocksch de amol a Stück weiter weg von mr ens Gras. On na schiel e dronternei zu dr nom, on du sagsch oifach nix. Mr schwätzt so oft ananander vorbei. Aber jeden Tag kannsch a bißle näher herrutscha …«

Am nächschta Morga isch dr kleine Prinz zrückkomma …

»S wär gscheiter gwesa, du wärsch om de gleich Zeit komma wie geschtern«, hot dr Fuchs gsagt. »Wenn da zom Beispiel mittags om viere kommsch, na freu e me scho ab de drei. Je meh Zeit vergoht, deschto meh freu e me. Om viere na ben e aufgregt on oruhig; na merk e, wie schee des isch, wenn mr glücklich isch! Aber wenn da irgendwann kommsch, na woiß e nie, wann e me freua darf … Mr braucht feschte Gewohnheita.«

»Was sen n feschte Gewohnheita?« hot dr kleine Prinz gfragt.

»Des isch au ebbes, was mr bald nemme kennt«, hot dr Fuchs gsagt. »S isch des, wenn oi Tag net wie dr andere isch on oi Stond net wie de ander. Bei meine Jäger zom Beispiel gibts a feschta Gewohnheit. Donnerschtags tanzat se mit de Mädla vom Dorf. On deswega isch dr Donnerschtag a bsonderer Tag für mi! Do gang i spaziera bis an d Wengert na. Jetzt wenn die Jäger irgendwann amol mit ihre Mädla tanza tätat, na wär oi Tag wie dr andere, on i hätt gar nie mei Ruh.«

So hot dr kleine Prinz den Fuchs zähmt. On wo s na soweit war, daß se hättat »Ade« saga solla, hot dr Fuchs gsagt:

»Ach! I muß glei heula.«

»Do bisch selber schuld«, hot dr kleine Prinz gsagt, »i han dr net weh do wolla. Aber du hasch wolla, daß e de zähm …«

»Freilich«, hot dr Fuchs gsagt.

»Aber jetzt mußt heula!« hot dr kleine Prinz gsagt.

»Freilich«, hot dr Fuchs gsagt.

»No hot dr des nix bracht!«

»Doch«, hot dr Fuchs gsagt, »wega dera Farb von de Weizafelder.«

Na hot r no gsagt:

»Gang on guck dr nomal die Rosa a. Na merksch, daß s de dei bloß oimal gibt auf dr Welt. On na kommsch wieder on sagsch

»Wenn da zom Beispiel mittags om viere kommsch,
na freu e me scho ab de drei.«

mr ›Ade‹, on i verrat dr a Geheimnis.«

Dr kleine Prinz isch ganga on hot sich nomal die Rosa aguckt.

»Ihr sehat überhaupt net aus wie mei Ros, ihr sen no gar nix«, hot r zu n gsagt. »Niemand hot euch zähmt, on ihr hen au niemand zähmt. Ihr sen des, was mei Fuchs amol gwesa isch. S war halt a Fuchs, der wo ausgseha hot wie honderttausend andere. Aber i han n zu meim Freund gmacht, on jetzt isch r für mi ds Größte auf dr Welt.«

On die Rosa hen sich richtig gschämt.

»Ihr sen schee, aber ihr sen hohl. Für euch ka mr net sterba«, hot r no zu n gsagt. »Natürlich, irgend ebber, der wo vorbeilauft, könnt meina, mei Ros tät ausseha wie ihr. Aber se isch wichtiger wie ihr älle mitnander, weil e dui nämlich gossa han; weil e dui nämlich onter a Glasglock gstellt han; weil e dui nämlich mit ama Wandschirm gschützt han; weil e dera ihre Raupa hegmacht han (bis auf die zwoi oder drei wega de Schmetterling); weil e ghört han, wie se gjammert hot, oder wie se ageba hot, oder wie se manchmol au gar nix gsagt hot; weil des mei Ros isch.«

On er isch zrückkomma zom Fuchs:

»Ade«, hot r gsagt …

»Ade«, hot dr Fuchs gsagt. »Do hasch mei Geheimnis, s isch ganz oifach: Mit de Auga sieht mr viel. Aber mit m Herz sieht mr, auf was akommt.«

»Aber mit m Herz sieht mr, auf was akommt«, hot dr kleine Prinz vor sich nagsagt, daß r s bhalta ka.

»Dui Zeit, dui wo da für dei Ros verdo hasch – dui macht dei Ros so wichtig.«

»Dui Zeit, dui wo e für mei Ros verdo han …«, hot dr kleine Prinz vor sich nagsagt, daß r s bhalta ka.

»D Leut hen dui Wahrheit vergessa«, hot dr Fuchs gsagt. »Aber du darfsch se net vergessa. Du bisch deiner Lebtag für des verantwortlich,

On er hot sich ens Gras glegt on hot gheult.

was da zähmt hasch. Du bisch für dei Ros verantwortlich …«

»I ben für mei Ros verantwortlich …«, hot dr kleine Prinz vor sich nagsagt, daß r s bhalta ka.

XXII

»Grüß Gott«, hot dr kleine Prinz gsagt.

»Grüß Gott«, hot dr Weichasteller gsagt.

»Was machsch n do?« hot dr kleine Prinz gfragt.

»I sortier d Fahrgäscht, emmer tausend mitnander«, hot dr Weichasteller gsagt. »I schick die Züg, wo se drenhockat, amol nach rechts on amol nach links.«

On a hell erleuchteter Schnellzug isch vorbeidonnert, daß ds Wärterhäusle grad so gwackelt hot.

»Die hen arg pressant«, hot dr kleine Prinz gsagt. »Wo wollat die na?«

»Des woiß net amol dr Lokführer«, hot dr Weichasteller gsagt.

On scho isch dr nächschte hell erleuchtete Schnellzug vorbeidonnert – en de ander Richtung.

»Wie, kommat se scho wieder zrück?« hot dr kleine Prinz gfragt …

»Des sen doch net de gleiche«, hot dr Weichasteller gsagt. »Des wechselt.«

»Warat se do net zfrieda, wo se warat?«

»Mr isch nie zfrieda – do, wo mr isch«, hot dr Weichasteller gsagt.

On wieder isch a hell erleuchteter Schnellzug vorbeidonnert.

»Jagat die dene andere Fahrgäscht hentadrei?« hot dr kleine Prinz gfragt.

»Die jagat überhaupt nix«, hot dr Weichasteller gsagt. »Die schlafat dodren, oder se gähnat. Bloß d Kender druckat ihre Nasa an de Fenschterscheiba platt.«

»Bloß d Kender wissat, wo se nawollat«, hot dr kleine Prinz gsagt. »Die beschäftigat sich stondalang mit ra Pupp aus Stoffetza on hen a arge Freud an ra. On wenn mr se n wegnehma will, heulat se …«

»Die hens gut«, hot dr Weichasteller gsagt.

XXIII

»Grüß Gott«, hot dr kleine Prinz gsagt.

»Grüß Gott«, hot dr Händler gsagt.

Des war a Händler, der hot Wunderpilla gega da Durscht verkauft. Mr schluckt äll Woch oine, on mr hot koin Durscht meh.

»Warom verkaufsch n die?« hot dr kleine Prinz gfragt.

»Do sparsch en Haufa Zeit«, hot dr Händler gsagt. »D Fachleut hens ausgrechnat. Mr spart dreiafuffzig Minuta en dr Woch.«

»On was machsch mit dene dreiafuffzig Minuta?«

»Was da willsch …«

»Wenn i dreiafuffzig Minuta übrig hätt«, hot dr kleine Prinz gsagt, »na tät i ganz gmütlich zu ma Brunna laufa …«

XXIV

S war am achta Tag nach meiner Panne en dr Wüschte – dui Gschicht von dem Händler han e ghört, wo e grad da letzta Tropfa von meim Wasservorrat trunka han.

»Also«, han e zom kleina Prinz gsagt, »des isch ja ganz nett, was da mr do verzählsch, aber mei Flugzeug isch emmer no he, i han nix meh zom trinka, on i tät me freua, wenn i au ganz gmütlich zu ma Brunna laufa könnt!«

»Mei Freund, dr Fuchs«, hot r zu mr gsagt …

»Mei lieber Freund, jetzt gohts nemme om dein Fuchs!«

»Warom?«

»Weil mir vor Durscht bald sterbat …«

Er hot net verstanda, was e gmoint han, on hot mr zur Antwort geba:

»S isch gut, wenn mr en Freund ghabt hot, au wenn mr bald sterba muß. I ben grad froh, daß e en Fuchs als Freund ghabt han …«

76

Der merkt gar net, wie gfährlich des dohanna isch, han e mr saga müssa. Honger on Durscht kennt r koin. Dem langt a bißle Sonne …

Aber er hot me aguckt on hot mr auf des, was e denkt han, a Antwort geba:

»I han au Durscht … Komm, mr suchat en Brunna …«

I han bloß abgwunka: S isch doch verrückt, en dr Wüschte aufs Gratwohl en Brunna zom sucha. Trotzdem sem mr losmarschiert.

Mr sen stondalang gloffa, ohne mitnander zom schwätza – bis Nacht worda isch on d Stern agfanga hen zom leuchta. Wie em Traum han e se gseha. Vor lauter Durscht han e nämlich a bißle Fieber ghabt. Des, was dr kleine Prinz gsagt hot, isch mr dauernd em Kopf romganga.

»Du hasch also au Durscht?« han n gfragt.

Aber er hot mr koi Antwort geba auf mei Frag. Er hot oifach gsagt:

»Wasser ka oim en d Seel nei gut do …«

I han net verstanda, was r gsagt hot, aber i han nix gsagt … I han genau gwußt, daß mr n nix fraga darf.

Er war müd. Er isch naghockt. I ben neba n ghockt. On nach ama Weile hot r no gsagt:

»Die Stern sen schee, weil e an mei Blum denka muß, dui wo e grad net seha ka …«

»Natürlich«, han e zur Antwort geba on han, ohne ebbes zom saga, em Mondlicht die Linia em Sand aguckt.

»D Wüschte isch schee«, hot r gsagt.

On des hot gstimmt. I han d Wüschte emmer möga. Mr hockt sich auf a Sanddüne. Mr sieht nix. Mr hört nix. On dodrbei strahlt ebbes still vor sich na …

»Des macht d Wüschte so schee«, hot dr kleine Prinz gsagt, »daß irgendwo a Brunna isch …«

I ben überrascht gwesa, daß e auf oimal verstanda han, warom der

Sand so geheimnisvoll strahlt. Wo e a kleiner Bua war, han e en ma alta Haus gwohnt, on mr hot sich verzählt, daß dodren a Schatz vergraba sei. Freilich, s hot n nie ebber gfunda. Vielleicht hot n au nie ebber gsucht. Aber er hots ganze Haus verzaubert. Mei Haus hot glebt von dem Geheimnis …

»Ja«, han e zom kleina Prinz gsagt, »egal, ob sichs om des Haus, om d Stern oder om d Wüschte dreht – was se so scheemacht, ka mr net seha!«

»I freu me«, hot r gsagt, »daß da mit meim Fuchs einig bisch.«

Wie dr kleine Prinz eigschlafa isch, han n auf da Arm gnomma on ben weiterglaufa. Des isch mr arg nachganga. I han gmoint, i tät en Schatz traga, der wo mr schier en de Fenger verbricht. S isch mr grad vorkomma, wie wenns auf dr ganza Welt nix Zerbrechlichers geba tät. Em Mondlicht han e dui bleicha Stirn gseha, die zuene Auga, die Haarsträhna, die wo dr Wind verstrubelt hot, on i han mr gsagt: Des, was e do seh, des isch bloß ds Äußere. Ds Wichtigschte ka mr net seha …

Wo r mit ama halboffena Mund a bißle vor sich na glächelt hot, do isch mr au voll aufganga: Der kleine müde Prinz goht mr deswega so arg nach, weil r seiner Blum so treu isch. Ds Bild von dera Ros strahlt en m wie d Flamm von ra Lamp, sogar wenn r schlaft … On auf oimal isch r mr no zerbrechlicher vorkomma. Mr muß arg aufpassa auf die Lampa – a Luftzug blast se aus …

I ben weiterglaufa on han den Brunna entdeckt, wo s hell worda isch.

Er hot glacht, hot ds Seil gnomma on über d Roll hin- on herzoga.

XXV

»D Leut«, hot dr kleine Prinz gsagt, »die druckat sich en d Schnellzüg nei; dodrbei wissat se gar nemme, wo se na wollat. On nachher regat se sich auf on drehat sich em Kreis …«

Na hot r no gsagt:

»Des isch net dr wert …«

Der Brunna, zu dem wo mr nakomma sen, hot gar net ausgseha wie die Brunna en dr Sahara. Des sen oifach Löcher, die wo mr en Sand neigraba hot. Jetzt der do hot ausgseha wie a Dorfbrunna. Aber s war weit on breit koi Dorf, on i han glaubt, i tät träuma.

»Des isch amol komisch«, han e zom kleina Prinz gsagt, »älles isch nagrichtat: d Roll, dr Eimer on ds Seil …«

Er hot glacht, hot ds Seil gnomma on über d Roll hin- on herzoga. On dui Roll hot quiescht wie a alts verroschtets Windrad.

»Horch«, hot dr kleine Prinz gsagt, »mir weckat den Brunna auf, on der singt …«

I han net wolla, daß r sich astrengt:

»Laß mi des macha«, han e zu m gsagt, »du verlupfsch de.«

Langsam han e da Eimer bis an da Brunnarand raufzoga. Do han e n schee grad nagstellt. En meine Ohra war emmer no ds Quietscha von dera Roll, on em Eimer, wo ds Wasser no hin- on hergschwappt isch, han e gseha, wie d Sonne hin- on herschwankt.

»I han Durscht auf des Wasser«, hot dr kleine Prinz gsagt, »laß me trinka …«

On i han verstanda, was r gsucht hot!

I han da Eimer an seine Lippa glupft. Er hot mit zuene Auga trunka. S war schee wie a Fescht. Des Wasser isch gwiß ebbes anders gwesa wie bloß ebbes zom trinka. S isch vom Marschiera onter de Stern

80

komma, von dem Quietscha von dera Roll on von meine müde Ärm. S hot mr en d Seel nei gut do – wie a Gschenk. Wo e a kleiner Bua war, do warat au d Lichter am Chrischtbaum, d Musik en dr Chrischtmette on des nette Lächla von de Leut ds Schönschte an de Gschenk, die wo e an Weihnachta kriegt han.

»D Leut bei dir drhoim«, hot dr kleine Prinz gsagt, »die züchtat fünftausend Rosa en oim Garta … on findat ersch net, was se suchat …«

»Se findats net«, han e zur Antwort geba …

»On dodrbei könntat se des, was se suchat, en ra oinziga Ros finda oder en ma Schluck Wasser …«

»Gwiß wohr«, han e zur Antwort geba.

On dr kleine Prinz hot no gsagt:

»Aber mit de Auga siehsch nix. Mit m Herz mußt sucha.«

I han trunka on han richtig durchgschnauft. Wenns hell wird, hot dr Sand a Farb wie Honig. Au über dui Honigfarb han e me gfreut. Warom hätt e mr Sorga macha solla …

Dr kleine Prinz isch wieder neba me naghockt on hot leis zu mr gsagt: »Du mußt dei Versprecha halta.«

»Was für a Versprecha?«

»Woißt doch … en Maulkorb für mei Schäfle … i ben für dui Blum verantwortlich!«

I han meine Bilder aus dr Tasch zoga. Dr kleine Prinz hot se aguckt, hot glacht on hot gsagt:

»Deine Affabrotbäum, die sehat a bißle aus wie Kohlköpf …«

»Au!«

On dodrbei war e so stolz auf meine Affabrotbäum!

»Dei Fuchs … dem seine Ohra … die sehat a bißle aus wie Hörner … on die sen viel z lang!«

On er hot wieder glacht.

»Du bisch gemein, kleis Male, i han nix anders mala könna wie die Riesaschlanga mit on ohne Innaleba.«

»Oh! Des wirsch scho nabringa«, hot r gsagt, »d Kender verstandats.«

I han also en Maulkorb gmalt. On mir hots en d Seel nei weh do, wo e s m geba han:

»Du hasch ebbes vor, von dem wo i nix woiß …«

Aber er hot mr koi Antwort geba. Er hot zu mr gsagt:

»Woißt doch, wo e glandat ben auf dr Erde … morga isch s a Johr …«

Er war gschwind still on hot na no gsagt:

»I ben dohanna ganz en dr Nähe glandat.«

On er hot en rota Kopf kriegt.

On wieder isch mr s ganz anders worda, ohne daß e gwußt hätt, warom. On doch isch mr a Frag komma:

»No war des koi Zufall, daß du an dem Morga vor acht Tag, wo mr ons kennaglernt hen, dohanna ganz alloi spazieraganga bisch – tausend Meila weit weg von jedra bewohnta Gegend? Du bisch dona zrückkomma, wo da glandat bisch?«

Dr kleine Prinz hot wieder en rota Kopf kriegt.

Vorsichtig han n no gfragt:

»Wars vielleicht dr Jahrestag …?«

Dr kleine Prinz hot scho wieder en rota Kopf kriegt. Er hot mr ja nie a Antwort geba auf meine Fraga; aber wenn mr en rota Kopf kriegt, na hoißt des »Ja«, oder?

»Au!« han e zu m gsagt, »i han Angscht …«

Aber er hot mr zur Antwort geba:

»Du mußt jetzt schaffa. Du mußt zrück zu deiner Maschin. I wart dohanna auf de. Kommsch morga obend wieder …«

Aber i war emmer no oruhig. I han an da Fuchs denka müssa. S isch fei net leicht, wenn mr sich zähma lassa hot. Na muß mr manchmol a bißle heula …

XXVI

Neba dem Brunna isch a alte verfallene Stoimauer gstanda. Wo e am nächschta Obend von meim Gschäft komma ben, han e scho von weitem gseha, daß mei kleiner Prinz obadrauf hockt on d Füß ronterhänga läßt. On i han ghört, wie r sagt:

»No woißt du des nemme?« hot r gsagt. »Des war net ganz genau dohanna!«

Scheints hot m a andera Stimm a Antwort geba. Er hot nämlich dodrauf gsagt:

»Doch! Doch! S isch genau dr Tag, aber s isch net genau dui Stell …«

I ben no näher zu dera Mauer naglaufa. I han nix gseha, on i han niemand ghört. Trotzdem hot dr kleine Prinz wieder ebbes gsagt:

»Natürlich. Wirsch scho seha, wo mei Spur em Sand afangt. Mußt bloß auf me warta. I ben do heut nacht.«

I war no zwanzig Meter von dera Mauer weg, aber i han nix gseha.

Dr kleine Prinz war gschwind still on hot no gsagt:

»Hasch du a guts Gift? Bisch sicher, daß e net lang leida muß?«

I ben standablieba. Mir isch ds Herz en d Hos grutscht. Aber i han emmer no nix verstanda.

83

»Gang jetzt weg«, hot r gsagt, »… i will nonterspringa!«

Na han e selber an dera Mauer nonterguckt – on han en Satz gmacht! Jetzt war do oine von dene gelbe Schlanga, die wo de en dreißig Sekonda ombringat; on dui hot sich naufgstreckt zom kleina Prinz. I han en dr Tasch nach meiner Pischtol gsucht on ben losgsaut. Aber wega meine laute Schritt hot sich dui Schlang leis en da Sand zrückzoga – wie a Wasserstrahl, der wo versickert. On ohne daß se arg pressiert hätt, isch se mit ama leicht metallena Geräusch zwischa d Stoi neigschlupft.

Mir hots grad no zu dera Mauer glangt, daß e mei kleis Male auffanga han könna. Der war käsweiß.

»Was machsch n du für Sacha! Jetzt schwätzt au no mit Schlanga!«

I han m sein goldgelba Schal weggmacht, den wo r dauernd aghabt hot. I han m seine Schläfa naß gmacht on han m ebbes zom trinka geba. On jetzt han e me nemme traut, daß e n ebbes frag. Er hot me ernscht aguckt on hot mr seine Ärm om da Hals glegt. I han gspürt, daß sei Herz klopft wie bei ma agschossena Vogel, der wo em Sterba liegt. Er hot zu mr gsagt:

»I freu me, daß da rauskriegt hasch, was an deiner Maschin he war. Jetzt kannsch wieder hoim …«

»Woher woißt n du des?«

Grad han m verzähla wolla, daß e mit meim Gschäft fertig ben, obwohl e s nemme denkt hätt!

Er hot mr koi Antwort geba auf mei Frag, hot aber gsagt:

»I gang heut au hoim …«

On na hot r no ganz traurig gsagt:

»Des isch viel weiter … des isch viel schwerer …«

I han scho gspürt, daß ebbes ganz Bsonders passiert isch. I han n en Arm gnomma on druckt wie a kleis Kend. On oinaweg han e ds Gfühl ghabt, wie wenn r en a tiefs Loch nonterhagla tät – on i könnt n net heba …

»Gang jetzt weg«, hot r gsagt, »… i will nonterspringa!«

Er hot ernscht guckt on hot vor sich na sinniert.

»I han dei Schäfle. On i han d Kischt für dei Schäfle. On i han da Maulkorb …«

On er hot traurig glächelt.

I han lang gwartat. I han gspürt, wie r langsam auftaut isch:

»Kleis Male, du hasch Angscht ghabt …«

Er hot Angscht ghabt – ganz gwiß! Aber er hot leis glacht:

»Heut obend han i no viel meh Angscht …«

Wo e gmerkt han, daß e nix dra ändra ka, isch mr s wieder eiskalt da Buckel nonterglaufa. Mir isch aufganga, daß e net amol dra denka darf, daß i des Lacha nie meh hör. Des war für mi wie a Wasser en dr Wüschte.

»Kleis Male, i will de no lacha höra …«

Aber er hot zu mr gsagt:

»Heut nacht isch s a Johr. Mei Stern isch genau über dera Stell, wo e letzt Johr glandat ben …«

»Kleis Male, gell, s isch wie a böser Traum – dui Gschicht mit dera Schlang on dem Treffa on dem Stern …«

Aber er hot mr koi Antwort geba auf mei Frag. Er hot zu mr gsagt:

»Was wichtig isch, sieht mr net …«

»Gwiß wohr …«

»Des isch wie mit dera Blum. Wenn da a Blum ganz arg magsch, dui wo auf ama Stern wohnt, na isch s schee, wenn da nachts da Hemmel agucksch. Älle Stern sen voller Bluma.«

»Gwiß wohr …«

»Des isch wie mit dem Wasser. Des, was da mr zom trinka geba hasch, war wie a Musik, wega dera Roll on dem Seil … woißt no … s hot gut do.«

»Gwiß wohr …«

»Nachts gucksch d Stern a. Dr meine isch so klei, daß e dr net amol zeiga ka, wo r grad isch. S isch au besser so. Na isch mei Stern für di oiner von viele. Also gucksch älle Stern gern a … Se sen älle deine Freund. On na kriegsch von mir no a Gschenk …«

Er hot wieder glacht.

»Ach! Male, Male! I hör di so gern lacha!«

»Genau des isch mei Gschenk … s isch wie mit dem Wasser …«

»Wie moinsch n des?«

»Für d Leut sen d Stern ganz onterschiedlich. Für die, wo omanander reisat, sen d Stern Führer. Für andere sen se bloß kleine Lichtla. Für wieder andere, die wo saumäßig gscheit sen, a Problem. Für mein Gschäftsma warat se Gold. Aber älle die Stern sen ruhig. Jetzt du – du hasch Stern, wie se sonsch koiner hot …«

»Wie moinsch des?«

»Wenn du bei Nacht da Hemmel agucksch, na isch dr s, wie wenn älle Stern lacha tätat – weil i auf oim wohn on lach. Du alloi hosch Stern, wo lacha könnat!«

On er hot wieder glacht.

»On wenn da de tröschtat hasch (mr tröschtat sich emmer), na bisch froh, daß da me kennaglernt hasch. Du bisch on bleibsch mei Freund. On wenn da mit mr lacha willsch, na machsch ab on zu dei Fenschter auf, oifach so, zom Spaß … On na wundrat sich deine Freund, wenn se sehat, daß da zom Hemmel naufgucksch on lachsch. On na kannsch zu n saga: ›Ja, mit dene Stern han i emmer ebbes zom lacha!‹ Die denkat na, du seisch verrückt. On i han dr ebbes Schees eibrockt …«

On er hot wieder glacht.

»Des isch, wie wenn e dr statt Stern lauter kleine Glöckla gschenkt hätt, wo lacha könnat …«

Er hot emmer no glacht, on auf oimal isch r wieder ernscht worda:

»Heut nacht … woißt … komm lieber net.«

87

»I laß de fei net em Stich.«

»No seh e aus, wie wenn e krank wär … a bißle, wie wenn e sterba tät. So isch des halt. Komm lieber net zom gucka. S isch net dr wert.«

»I laß de fei net em Stich.«

Aber er hot sich Sorga gmacht.

»I sag dr des … au wega dera Schlang. Se darf de net beißa … D Schlanga sen bös. Die könnat oin beißa aus Spaß an dr Freud …«

»I laß de fei net em Stich.«

Aber ebbes hot n beruhigt:

»S isch wohr, se hen koi Gift meh beim zwoita Mol beißa …«

I han net gseha en dera Nacht, wie r losglaufa isch. Mucksmäuslesstill isch r ganga. Wo n endlich eigholt han, isch r tapfer marschiert. Er hot bloß zu mr gsagt:

»Ah! Do bisch ja …«

On er hot me an d Hand gnomma. Aber s hot n no plagt:

»Du hasch n Fehler gmacht. S tut dr no leid. I seh bald aus, wie wenn e tot wär, aber i bens net.«

I han nix gsagt.

»Verstohsch, s isch z weit. I ka da Körper net mitnehma. Der isch z schwer.«

I han nix gsagt.

»Aber er liegt na do wie a alter, leerer Mantel. Dem brauchsch net nachtraura …«

I han nix gsagt.

Er hot a bißle Fracksausa kriegt. Aber er hot sich zsammagrissa:

»Woißt, des isch na richtig nett. Na guck i au d Stern a. Älle Stern sen na Brunna mit roschtige Rolla. Älle Stern gebat mr na ebbes zom trinka …«

I han nix gsagt.

88

»Des isch so luschtig na! Du hasch fünfhondert Milliona Glöckla, on i han fünfhondert Milliona Brunna …«

On er hot au nix meh gsagt, weil r gheult hot …

»Do isch s. Laß me gschwind alloi laufa.«

On er isch naghockt, weil r Angscht ghabt hat.

Na hot r no gsagt:

»Woißt doch … mei Blum … i ben für se verantwortlich! On se isch so schwach! On se isch so naiv. Se hot vier mickrige Dorna zom sich schütza …«

I ben naghockt, weil e nemme standa han könna. Er hot gsagt:

»Dohanna … Do isch älles …«

Er hot gschwind no gstutzt, na isch r wieder aufgstanda. Er hot en Schritt gmacht. I han me net bewega könna.

Mr hot bloß en gelba Blitz bei seim Knöchel gseha. Er isch en Augablick standablieba wie agwurzelt. Er hot net gschria. Er isch langsam omkippt wie a Baum. Wegam Sand hot mr net amol ebbes ghört.

XXVII

On jetzt isch des natürlich scho sechs Johr her … I han dui Gschicht
no niemand verzählt. Wo e wieder bei meine Kamerada war, do hen die
net schlecht gstaunt, daß i no leb. I ben traurig gwesa, aber i han zu n
gsagt: »I ben todmüd …«

Jetzt han e me wieder a bißle gfanga. Des hoißt … no net ganz. Aber
i woiß gwiß, daß r hoim isch auf sein Planet. Weil – wo s hell worda
isch, han e sein Körper nemme gfunda. Der war eigentlich net so
schwer … On nachts hör e gern de Stern zu. Die sen wie fünfhondert
Milliona Glöckla …

On na passiert ebbes ganz Bsonders. I han vergessa, an den Maulkorb,
den wo e für da kleina Prinz gmalt han, en Lederriema nazommacha!
Des hot der doch nie nabracht, daß r n dem Schäfle rombindat. Jetzt frag
i mi: Was isch auf dem Planeta passiert? Vielleicht hot des Schäfle dui
Blum doch gfressa …

Manchmol sag e mr: Bestimmt net! Dr kleine Prinz deckt sei Blum
jeda Nacht mit dr Glasglock zu on paßt gut auf sei Schäfle auf … Na
freu e me. On älle Stern lachat leis.

On manchmol sag e mr: Mr isch dronternei amol neba dr Kapp, on
scho isch passiert! Wenn r oimal obends d Glasglock vergessa hot, oder
ds Schäfle isch womöglich nachts ganz leis drvo … Na werdat aus dene
Glöckla lauter Träna …!

Er isch langsam omkippt wie a Baum.

Des isch wohl a groß Geheimnis. Wenn irgendwo, mr woiß net wo, a Schäfle, wo mr net kennat, vielleicht, oder au net, a Ros gfressa hot – na gohts euch wie mir, weil ihr da kleina Prinz au mögat: S darf euch net egal sei …

Guckat nauf an Hemmel. Fragat euch: Hot des Schäfle jetzt dui Blum gfressa oder net? On na merkat r, wie sich älles verändert …

Aber koiner von de große Leut verstoht, wie wichtig des isch!

Des do isch für mi de schönscht on de traurigscht Landschaft auf dr Welt. S isch de gleich Landschaft wie dui auf dr Seite vorher. Aber i han se nomal gmalt, daß r se deutlich sehat. Do isch dr kleine Prinz auf d Erde komma on au wieder ganga. Guckat euch dui Landschaft genau a, daß r se gwiß kennat, wenn r amol en Afrika durch d Wüschte reisat. Wenn r grad om da Weg sen, na springat net weiter – om was e euch bitt! Wartat a Weile – grad onter dem Stern! Wenn na a Kend auf euch zukommt; wenns lacht; wenns goldgelbe Haar hot; wenns koi Antwort gibt, wenn mr ebbes fragt – na wissat r glei, wers isch. Na sen so gut on lassat me net länger traurig sei! Schreibat mr tapfer, daß r wieder do isch …

Le Petit Prince
in deutschen Mundarten
Herausgegeben von Dr. Walter Sauer
Alle Bücher 96 Seiten, mit den Bildern von Antoine de Saint-Exupéry,
jeweils € 13,50

Band 1: Pälzisch *De kläne Prinz*

Band 2: Hessisch *De klaane Prinz*

Band 3: Fränkisch *Der klaa Prinz*

Band 4: op kölsch *Dä kleine Prinz*

Band 5: Schwäbisch *Dr kleine Prinz*

Band 6: Boarisch *Da kloa Prinz*

Band 7: Yidish *Der kleyner prints*
(144 Seiten, € 16,00)

Band 8: Plattdüütsch *De lütte Prinz*

Band 9: Badisch – Alemannisch *Dr chlei Prinz*

Band 10: Saarland *De glään Brins*

Band 11: Weanerisch *Der klane Prinz*

Band 12: Karntnarisch *Da klaane Prinz*

Band 13: Oberösterreichisch *Da kloane Prinz*

Band 14: Berlinisch *Der kleene Prinz*

Band 15: Plautdietsch *Dee tjliena Prinz*

Band 16: Tirolerisch *Der kluene Prinz*

Band 17: Ruhrdeutsch *De kleene Prinz*

Weitere Bücher finden Sie in unserem Verlagsprogramm,
das wir Ihnen gerne kostenlos zusenden.

vmn
Verlag M. Naumann
Brucknerstraße 1a · 63452 Hanau
Telefon 06181 3007986 · Telefax 06181 9068335
E-Mail: info@vmn-naumann.de
Im Internet finden Sie uns unter:
http://www.vmn-naumann.de